1 **Verdauungstrakt**

2 **Oberbauchdrüsen**

3 **Urogenitaltrakt**

4 **Endokrine Drüsen & Nebennieren**

Anhang

Index

Ulrike Bommas-Ebert

Histologie Band 3
MEDI-LEARN Skriptenreihe

6., komplett überarbeitete Auflage

MEDI-LEARN Verlag GbR

Autoren: Ulrike Bommas-Ebert, Maximilian Drewes (1.–3. Auflage)
Fachlicher Beirat: PD Dr. Rainer Viktor Haberberger

Teil 3 des Histologiepaketes, nur im Paket erhältlich
ISBN-13: 978-3-95658-004-8

Herausgeber:
MEDI-LEARN Verlag GbR
Dorfstraße 57, 24107 Ottendorf
Tel. 0431 78025-0, Fax 0431 78025-262
E-Mail redaktion@medi-learn.de
www.medi-learn.de

Verlagsredaktion:
Dr. Marlies Weier, Dipl.-Oek./Medizin (FH) Désirée Weber, Denise Drdacky, Jens Plasger, Sabine Behnsch, Philipp Dahm, Christine Marx, Florian Pyschny, Christian Weier

Layout und Satz:
Fritz Ramcke, Kristina Junghans, Christian Gottschalk

Grafiken:
Dr. Günter Körtner, Irina Kart, Alexander Dospil, Christine Marx

Illustration:
Daniel Lüdeling

Druck:
A.C. Ehlers Medienproduktion GmbH

6. Auflage 2014
© 2014 MEDI-LEARN Verlag GbR, Marburg

Das vorliegende Werk ist in all seinen Teilen urheberrechtlich geschützt. Alle Rechte sind vorbehalten, insbesondere das Recht der Übersetzung, des Vortrags, der Reproduktion, der Vervielfältigung auf fotomechanischen oder anderen Wegen und Speicherung in elektronischen Medien.
Ungeachtet der Sorgfalt, die auf die Erstellung von Texten und Abbildungen verwendet wurde, können weder Verlag noch Autor oder Herausgeber für mögliche Fehler und deren Folgen eine juristische Verantwortung oder irgendeine Haftung übernehmen.

Wichtiger Hinweis für alle Leser
Die Medizin ist als Naturwissenschaft ständigen Veränderungen und Neuerungen unterworfen. Sowohl die Forschung als auch klinische Erfahrungen führen dazu, dass der Wissensstand ständig erweitert wird. Dies gilt insbesondere für medikamentöse Therapie und andere Behandlungen. Alle Dosierungen oder Applikationen in diesem Buch unterliegen diesen Veränderungen.
Obwohl das MEDI-LEARN Team größte Sorgfalt in Bezug auf die Angabe von Dosierungen oder Applikationen hat walten lassen, kann es hierfür keine Gewähr übernehmen. Jeder Leser ist angehalten, durch genaue Lektüre der Beipackzettel oder Rücksprache mit einem Spezialisten zu überprüfen, ob die Dosierung oder die Applikationsdauer oder -menge zutrifft. Jede Dosierung oder Applikation erfolgt auf eigene Gefahr des Benutzers. Sollten Fehler auffallen, bitten wir dringend darum, uns darüber in Kenntnis zu setzen.

Inhalt

1	Verdauungstrakt	1
1.1	Transport	1
1.1.1	Enterisches Nervensystem	2
1.2	Zersetzung	2
1.3	Abwehr	2
1.3.1	Peyer-Plaques-Regionen	3
1.4	Abschnitte des Darms	3
1.4.1	Ösophagus	3
1.4.2	Magen	4
1.4.3	Duodenum (Zwölffingerdarm)	8
1.4.4	Restlicher Dünndarm	11
1.4.5	Colon	14

2	Oberbauchdrüsen	18
2.1	Pankreas	18
2.2	Leber	20
2.2.1	Leberläppchen	20
2.2.2	Portales Feld	22
2.2.3	Kupffer-Sternzellen	22
2.2.4	Ito-Zellen	22

3	Urogenitaltrakt	27
3.1	Nieren und ableitende Harnwege	27
3.1.1	Ultrafiltration	27
3.1.2	Das Nephron	29
3.1.3	Ableitende Harnwege	31
3.2	Keimdrüsen	34
3.2.1	Männliche Geschlechtsorgane	34
3.2.2	Weibliche Geschlechtsorgane	41
3.2.3	Plazenta	49

4	Endokrine Drüsen & Nebennieren	55
4.1	Endokrine Drüsen	55
4.1.1	Nebennieren	55
4.1.2	Nebennierenmark	55
4.1.3	Nebennierenrinde	56

Anhang		59
IMPP-Bilder		59
Hitliste der Histologie		67
Das „Who is who" der Histologie		69

„Gibt es Krankenhäuser am Kilimandscharo?"

Wir helfen Ihnen, Ihren Famulatur- und PJ-Auslandsaufenthalt vorzubereiten!

Mit kostenfreien Informationsmappen zu 32 Ländern

- Wertvolle Tipps
- Kontaktadressen
- Hintergrundinformationen
- Erfahrungsberichte von Medizinstudierenden und jungen Ärzten

Lassen Sie sich beraten!

Nähere Informationen und unseren Repräsentanten vor Ort finden Sie im Internet unter www.aerzte-finanz.de

Standesgemäße Finanz- und Wirtschaftsberatung

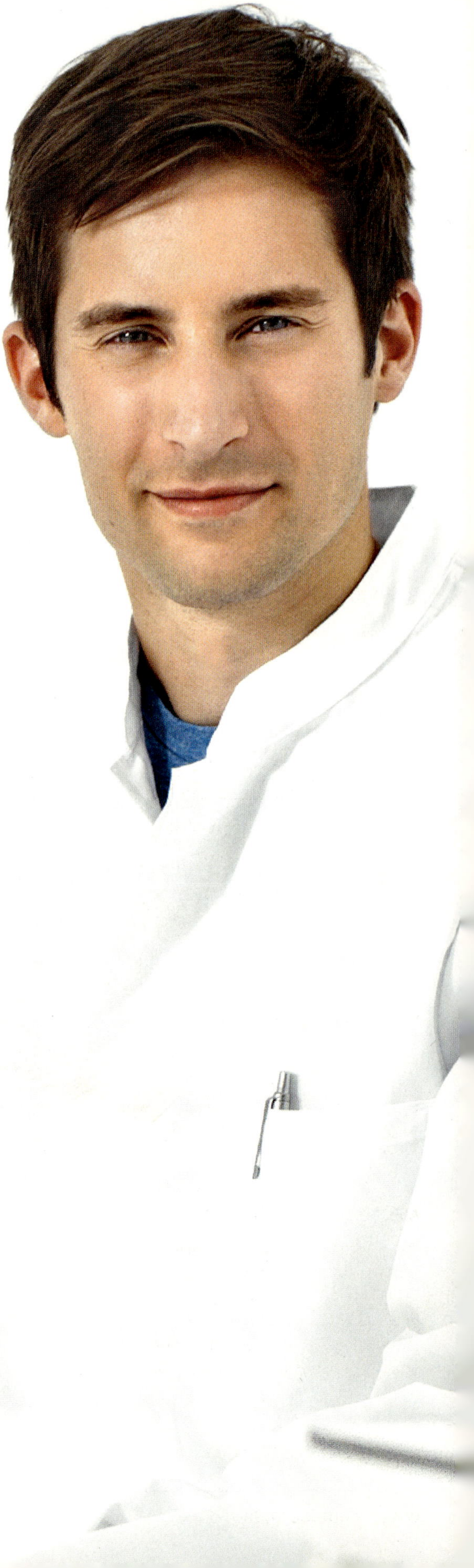

1 Verdauungstrakt

▎▎ Fragen in den letzten 10 Examen: 13

Der Verdauungstrakt ist ein sehr großes Organsystem. Vielleicht wird es genau deshalb so gerne im Physikum gefragt?
Um den Aufbau des Verdauungstrakts zu verstehen, ist es wieder von Vorteil, wenn du dir zuerst Gedanken über seine Aufgaben machst. Dazu gehören:
- der Transport der Nahrungsbestandteile,
- die Zersetzung der Nahrungsbestandteile und
- die Abwehr von unerwünschten Eindringlingen.

Informationen (auch histologische) zu Zungenpapillen und Zähnen findest du im Skript Anatomie 4.

1.1 Transport

Während der Zeit, die ein Mittagessen oder ein Frühstück im Darm verbringt, wird sein biologischer Wert für uns immer geringer. Also muss eines Tages alles wieder raus, was reingekommen ist. Um das zu gewährleisten, hat der Darm die besondere Bewegungsform der

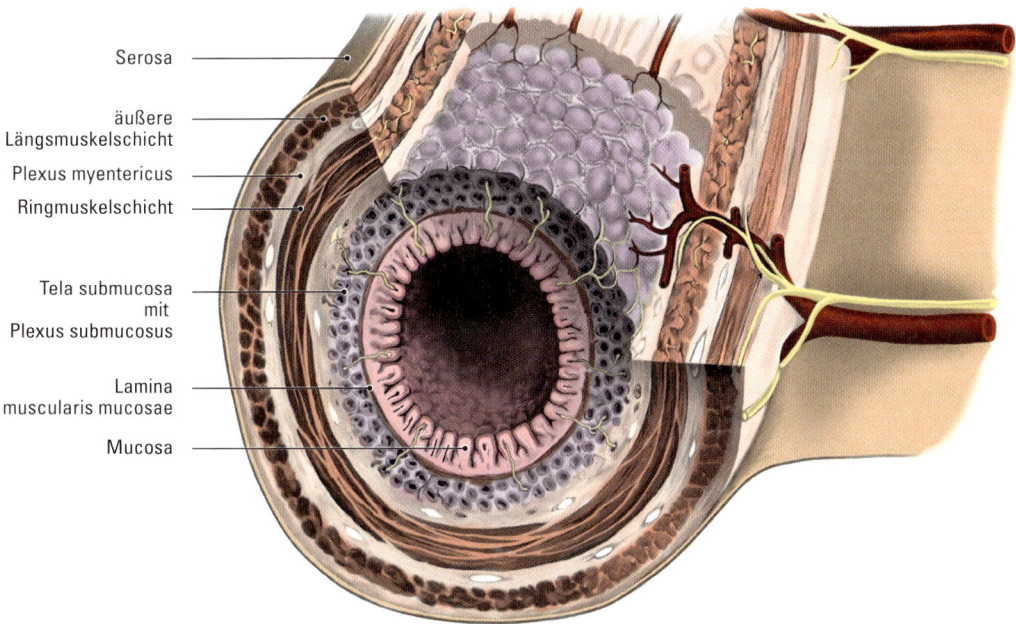

Abb. 1: Wandschichten des Darmtrakts *medi-learn.de/6-histo3-1*

Von innen nach außen folgen aufeinander:
- Tela mucosa (Mucosa) mit
  - Lamina epithelialis mucosae,
  - Lamina propria mucosae und
  - Lamina muscularis mucosae (folgt im Verlauf dem Epithel!)
- Tela submucosa mit submukösen Drüsen
- Tunica muscularis mit einer inneren zirkulären und einer äußeren longitudinalen Schicht
- Tunica adventitia (Serosa)
  - in diesem Bindegewebsraum verlaufen Blut- und Lymphgefäße
  - dient als Verschiebespalt und
  - ist in Darmabschnitten mit Mesenterium nur schwach ausgeprägt.

1 Verdauungstrakt

Peristaltik entwickelt, die einen ganz besonderen Bau seiner Wand und der einzelnen Wandschichten zur Folge hat. Dazu gehören die verschiedenen Muskelschichten, die Schleimhautdrüsen und die Nervenzellen, die die Bewegung koordinieren. Der **Wandbau** des Verdauungstrakts setzt sich fort von der oberen Ösophagusenge bis zum Anus. Daher kann man ihn getrost als Grundstruktur bezeichnen, die in den einzelnen Darmabschnitten lediglich kleinen Veränderungen unterworfen ist.

> **Merke!**
>
> Die Lamina muscularis mucosae folgt in ihrem Verlauf dem Schleimhautepithel und dringt bis in die Plicae circulares ein.

1.1.1 Enterisches Nervensystem

Um die Bewegungen des Darmrohrs zu koordinieren, bedarf es eines eigenen Nervensystems. Dieses Gehirn des Darms befindet sich als Plexus myentericus (Auerbach-Plexus) zwischen der zirkulären und der longitudinalen Schicht der Tunica muscularis und als Plexus submucosus zwischen der Tela submucosa und der zirkulären Muskelschicht (s. Abb. 1, S. 1). In seiner Gesamtheit heißt dieses Nervensystem enterisches Nervensystem. Dieses autonome Nervensystem hat eine Eigendynamik, die jedoch der Regulation von Sympathikus und Parasympathikus unterliegt.

> **Übrigens ...**
> - Die „interstitiellen Zellen von Cajal" sind verzweigte Zellen in der Tunica muscularis des Darms mit Kontakten sowohl zu Axonen als auch zu glatten Muskelzellen und werden auch als **Schrittmacherzellen** des Darms bezeichnet.
> - Man munkelt, dass das enterische Nervensystem sogar mehr Nervenzellen beherbergt als unser Gehirn. Wer gerne isst, der weiß das eigentlich ...
> - Ein Fehlen von Nervenzellen des Plexus myentericus wird als **Morbus Hirschsprung** bezeichnet.

> **Merke!**
>
> - Plexus submucosus (**M**eissner) für die Schleimhaut zuständig (**M**ucosa, liegt zur **M**itte hin)
> - Plexus myentericus (**A**uerbach) innerviert die Muskelschichten (Muskul**a**ris, liegt **a**ußen)

1.2 Zersetzung

Die Nahrung, die wir zu uns nehmen, kann in dieser Form nicht von unseren Zellen aufgenommen werden. Zur Resorption muss sie in ihre molekularen Bausteine zerlegt werden. Begleiten wir unsere Nahrung unter diesem Gesichtspunkt durch den ganzen Darm, lernen wir die Verdauungsvorgänge auch bis ins molekulare Detail kennen. In der Molekularbiologie wird viel geforscht, und wo viel geforscht wird, wird viel entdeckt, was detailliert genug ist, um im Physikum gefragt zu werden.

In den Bereich der molekularen Verdauung gehören die Schleimhaut und die großen Oberbauchdrüsen. Da sich bei diesen Vorgängen viele biochemische Prozesse abspielen, werde ich dort, wo es für das Verständnis notwendig ist, darauf eingehen. Für detailliertere Informationen möchte ich jedoch auf das Skript Biochemie 7 verweisen.

1.3 Abwehr

Im Grunde ist unser Darm nichts anderes, als eine nach innen gekehrte Körperoberfläche. Daher besteht auch hier – wie in der Haut (s. Skript Histologie 2) – die Notwendigkeit zur Abwehr. Die Abwehraufgabe wird von lymphatischem Gewebe wahrgenommen, das sich sehr

zahlreich in der Wand unseres Darms befindet. Genau genommen befindet sich das lymphatische Gewebe unter der Schleimhaut und reicht bis in die Submucosa. Dabei sitzen unterhalb des Epithels einzelne Lymphfollikel und in der Submucosa sowie zwischen den Blättern der Mesenterien zahlreiche Lymphknoten. In einigen Abschnitten des Verdauungstrakts nimmt das lymphatische Gewebe besonders ausgeprägte Formen an. Dies sind
- die **Tonsillen**, die den **Waldeyer-Rachenring** bilden,
- die **Peyer-Plaques** im terminalen Ileum und
- die **Appendix vermiformis**, die auch als die Tonsille des Darms gilt.

1.3.1 Peyer-Plaques-Regionen

Für die Peyer-Plaques-Regionen des Ileums gilt: Sie liegen gegenüber dem Mesenterialansatz und sind im Grunde etwas speziellere Lymphknoten. Darum gibt es in ihnen auch Hochendothelvenolen und Sekundärfollikel mit zahlreichen Lymphozyten. Als Spezialität finden sich hier zum Darmlumen hin **Domareale**. Das sind kuppelförmige Räume mit zahlreichen Lymphozyten.
Die Peyer-Plaques haben eine Verbindung zu M-Zellen. Letztere sind Teil des MALT-Systems (Mucosa associated lymphatic tissue). Die M-Zellen nehmen endozytotisch apikal Antigene auf und präsentieren diese basal Lymphozyten und Makrophagen. Außerdem sind sie wichtig für die Resorption oral aufgenommener Impfstoffe.

1.4 Abschnitte des Darms

Natürlich beginnt der Verdauungstrakt nicht mit der Speiseröhre, sondern mit den Lippen, den Zähnen, der Mundhöhle und dem Rachen. Diese Bereiche sind jedoch Themen des Skripts Anatomie 4.
An die drei Aufgabenbereiche Transport, Zersetzung und Abwehr werde ich mich in den folgenden Abschnitten als Grundstruktur halten.

1.4.1 Ösophagus

Die wichtigste Aufgabe der Speiseröhre besteht im Weiterleiten der noch weitgehend unverdauten Nahrung. Sie übernimmt den Speisebrei aus dem Rachen und gibt ihn an den Magen ab. Daraus ergibt sich eine verhältnismäßig dicke Tunica muscularis und eine ebenso recht ansehnliche Lamina epithelialis mit **unverhorntem (= nichtverhornendem) Plattenepithel**. Dieses erfüllt u. a. eine Schutzfunktion vor den noch rauen, kantigen Nahrungsbrocken. Man denke nur daran, wie manche Menschen ihr Essen fast unzerkaut hinunterschlingen.
Histologisch erscheint die Schleimhaut aufgefaltet wie im makroskopischen Bild. Die Faltung resultiert aus der Notwendigkeit, dehnbar (ein Reserveraum) zu sein und daraus, dass sich die Muskulatur durch die Fixierung des Präparates zusammenzieht.
In der Tela submucosa finden sich die **Glandulae oesophageae**. Diese sorgen für einen **reibungslosen** Transport (und sind NICHT etwa Becherzellen, wie es manchmal in den Antwortmöglichkeiten angeboten wird).

Das lymphatische System ist in der Tela submucosa durch vereinzelte Lymphfollikel vertreten. Doch auch das unverhornte Plattenepithel allein stellt schon einen guten Schutz dar.

> **Merke!**
>
> Im nichtverhornenden Plattenepithel des Ösophagus finden sich KEINE Becherzellen. Deren Aufgabe wird von den Glandulae oesophageae übernommen.

Übrigens ...
- Eine enzymatische Aufbereitung wird vom Ösophagus selbst NICHT eingeleitet.

1 Verdauungstrakt

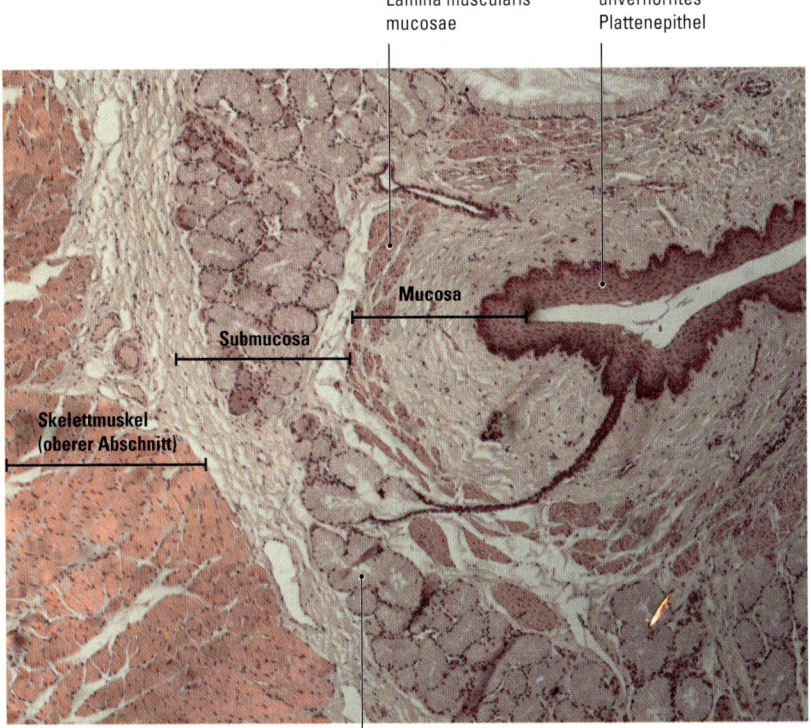

Abb. 2: Ösophagus

medi-learn.de/6-histo3-2

- Ein mehrschichtig unverhorntes Plattenepithel kann bei starker mechanischer Beanspruchung in ein verhorntes übergehen (z. B. im Ösophagus durch sehr ballaststoffreiche Nahrung oder in der Vagina).

1.4.2 Magen

Die Hauptaufgabe des Magens ist die chemische Zersetzung der Nahrung. Diese wird gewährleistet von einer sehr komplex aufgebauten Schleimhaut, die verschiedenste Funktionen zu erfüllen hat. Zum einen muss sie all die zersetzenden Stoffe bereitstellen, zum anderen darf sie sich dadurch nicht selbst verdauen. Als Schutz vor Selbstverdauung ist die Mageninnenfläche mit einer Zellschicht aus **Schleim- und Nebenzellen** ausgekleidet, die einen alkalischen Schleim produziert. Die Produktion der Säure und der Enzyme findet in den **Beleg- und Hauptzellen** der Hauptdrüsen (**Glandulae gastricae propriae**) von Fundus und Corpus statt.

> **Merke!**
>
> Im Großen und Ganzen hat der Magen den gleichen Wandbau wie der Rest des Darms. Die Physikumsfragen beschäftigen sich daher fast ausschließlich mit dem Aufbau der Schleimhaut und der Funktion ihrer einzelnen Zellen (s. IMPP-Bild 1, S. 59 und IMPP-Bild 2, S. 60).

Es ist Zeit, einen Blick auf die Histologie der Magenschleimhaut zu werfen:

Foveolae gastricae

Die Magengrübchen sind alle mit einem **einschichtigen, hochprismatischen Epithel** über-

1.4.2 Magen

zogen, das den schützenden Schleim sezerniert. Interessant ist, dass direkt unter diesen Zellen die Lamina propria mucosae liegt, obwohl der Abstand zur Muscularis mucosae noch sehr weit zu sein scheint.

> **Merke!**
>
> Direkt unter den **Epithelzellen** der Foveolae gastricae liegt die Lamina propria mucosae.

Glandulae gastricae propriae (Hauptdrüsen)

In den Hauptdrüsen finden sich im wesentlichen drei Zelltypen:
- Belegzellen,
- Hauptzellen,
- Nebenzellen.

Belegzellen (Parietalzellen): Zu sehen ist eine Belegzelle auf dem IMPP-Bild 1, S. 59 im Anhang. Am zahlreichsten sind die Belegzellen vertreten, die für die Sekretion der H^+- und der Cl^--Ionen zuständig sind. Damit diese latent aggressiven Ionen (aus der Salzsäure = HCl) nur einen kurzen Weg zu ihrem Einsatzort zurücklegen müssen, befinden sich die meisten Beleg-

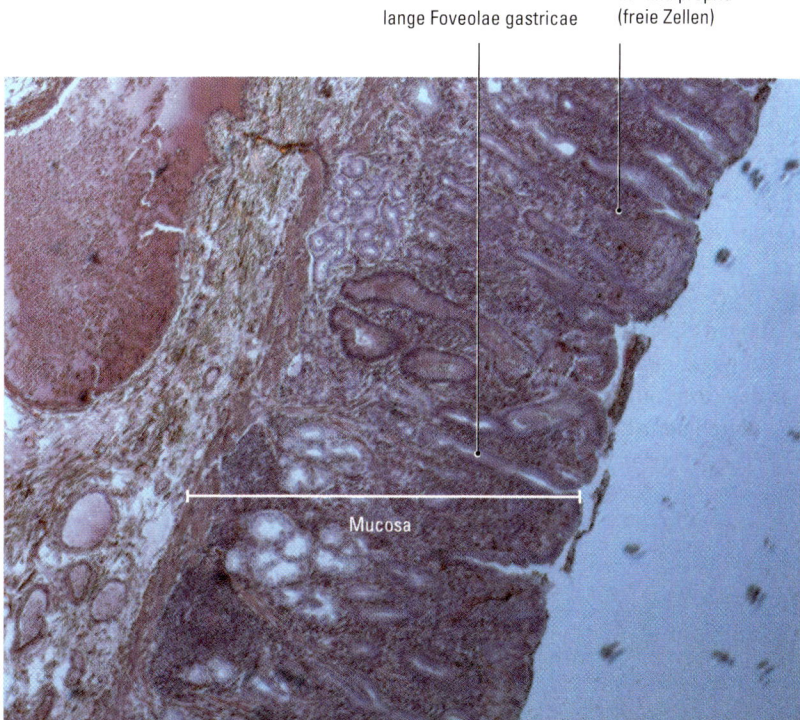

Abb. 3: Magenschleimhaut und Pylorus

medi-learn.de/6-histo3-3

Die Schleimhaut erstreckt sich bis in den Bereich, wo erste glatte Muskelzellen die Lamina muscularis mucosae markieren. Sie lässt sich auf den ersten Blick grob in zwei Teile gliedern:
- Der lumennahe Anteil erscheint unregelmäßig gefaltet. Er zeigt Täler und Berge, die **Foveolae gastricae** (Magengrübchen).
- Von den Tälern setzen sich Gänge in die Tiefe fort, die sich kurz vor der Lamina muscularis mucosae aufzweigen. Das sind die **Glandulae gastricae propriae** des Magens.

Der obere Bereich dieser Drüsen nennt sich Drüsenhals, der untere Drüsengrund.

1 Verdauungstrakt

zellen im Hals und im mittleren Abschnitt des Drüsenschlauchs (s. Abb. 5, S. 7). Die Ausschleusung der H⁺-Ionen erfolgt dort über die apikale **H⁺/K⁺-ATPase**.

Insbesondere in den Belegzellen (Parietalzellen) des Magens befindet sich das Enzym Carboanhydrase (CA). Mittels der CA werden Wasserstoff-Ionen (H⁺) aus Kohlensäure (H_2CO_3) abgespalten und über die in der Zellmembran befindliche Ionenpumpe, eine Wasserstoff-Kalium-ATPase (das braucht Energie, dies erklärt den Mitochondrienreichtum dieser Zellen), im Austausch gegen Kalium-Ionen in Richtung Magenlumen transportiert (daher sind CA-Hemmer die wirksamsten Medikamente bei Magenübersäuerung). Das dabei in der Belegzelle entstehende HCO_3^- wird ins Blut abtransportiert. Das zur Salzsäurebildung wichtige Chlorid-Ion stammt aus dem Blut. Wichtig ist sich zu merken, dass die Salzsäure (HCl) erst im Magen und nicht schon in der Belegzelle entsteht (wäre sonst vermutlich nicht so günstig für die Zelle ...).

Die Belegzellen produzieren die H⁺-Ionen auf Vorrat und speichern sie in **tubulären** Vesikeln zwischen, bis sie durch **Gastrin, Histamin** oder **Acetylcholin** (über den Parasympathikus) zu deren Abgabe angeregt werden. Diese Aufgabe verbraucht sehr viel Energie, die durch eine große Anzahl von **Mitochondrien vom Cristae-Typ** bereitgestellt wird. Anhand dieser Mitochondrien und ihrer speziellen Anfärbbarkeit kann man die Belegzellen histologisch gut identifizieren. Die zahlreichen Mitochondrien sind auch in EM-Bildern gut zu sehen und erleichtern so die Identifizierung des Magens. Neben der Salzsäureproduktion bilden die Belegzellen auch noch den **Intrinsic factor**, ein Peptid, das zur Aufnahme von Vitamin B_{12} (Cobalamin, der zugehörige Extrinsic factor) essenziell ist.

Übrigens ...
– Der Komplex aus Intrinsic und Extrinsic factor wird erst im terminalen Ileum vom Körper aufgenommen.

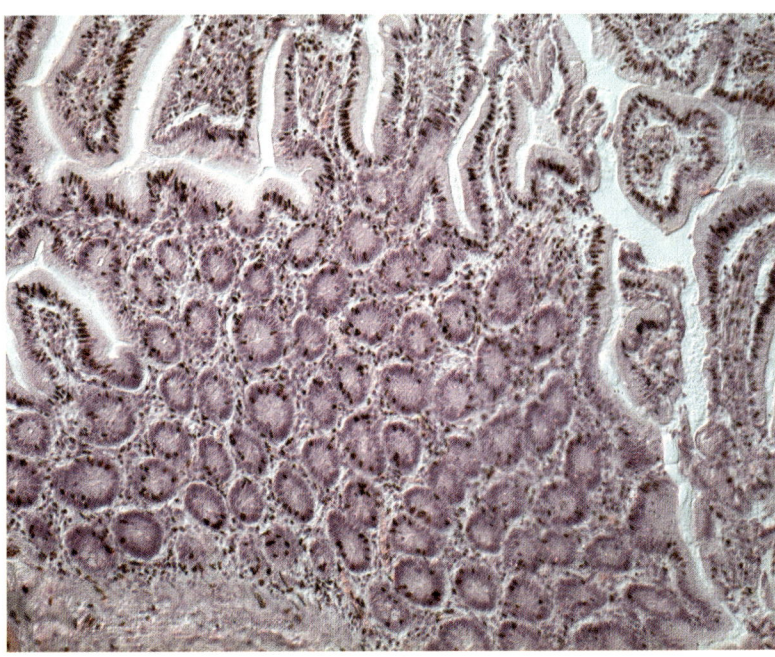

Abb. 4: Foveolae gastricae

medi-learn.de/6-histo3-4

1.4.2 Magen

- Cobalamin spielt eine wichtige Rolle bei der Erythropoese und bei der Reifung und Erhaltung anderer Zellen (z. B. Nervenzellen).
- Fehlt das terminale Ileum oder ein Großteil des Magens (Auslöser = Chirurg) oder ist es stark entzündet (Auslöser = Morbus Crohn), so kann Cobalamin nicht aufgenommen werden und es entsteht eine Mangelsituation.

Hauptzellen: Die zweite große Zellgruppe in den Hauptdrüsen sind die Hauptzellen. Ihre Aufgabe ist es, den Enzymvorläufer Pepsinogen herzustellen. Ihre hohe Syntheserate spiegelt sich in einer ansehnlichen Ausstattung mit rauem endoplasmatischem Retikulum wieder, das ja einen wichtigen Anteil an der Proteinsynthese hat (s. Skript Biologie und Histologie 1).

Da Pepsinogen wesentlich ungefährlicher ist als Salzsäure, befinden sich die Hauptzellen vor allem am Drüsengrund. Sie werden durch Gastrin stimuliert.

Nebenzellen: Diesen Zelltyp findet man im Drüsenhals (s. Abb. 5, S. 7). Er produziert Schleim, der das Epithel vor der Säure der Belegzellen schützt. Bei diesen Zellen handelt es sich wohl um recht unspektakuläre Zellen, da sie sich noch keinen Platz in den Prüfungsfragen ergattern konnten.

> **Merke!**
>
> Für Haupt-, Neben- und Belegzellen:
> - Der **Haupt**mann trinkt **Pepsi**, die **Neben**sitzer **schleim**en, daher ist die **Beleg**schaft **sauer** und produziert nur noch **Intrinsic factor**.
> - Belegzellen erkennt man an ihren vielen Mitochondrien vom Cristae-Typ. Sie produzieren Salzsäure und Intrinsic factor.
> - Die Hauptzellen synthetisieren das Protein Pepsinogen. Man erkennt sie an dem stark ausgeprägten rauen endoplasmatischen Retikulum.

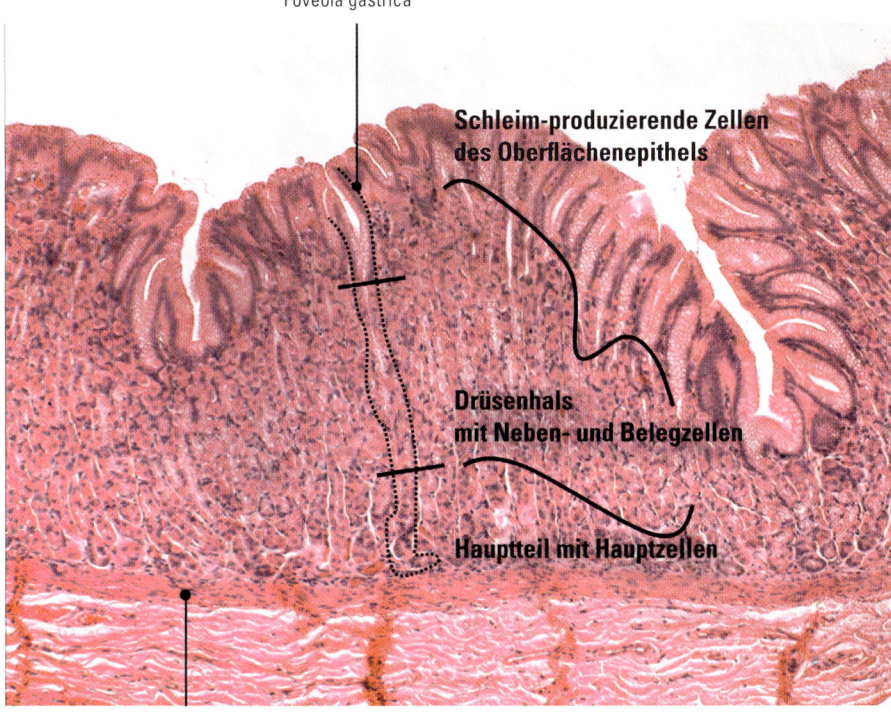

Abb. 5: Magenzellen

1 Verdauungstrakt

Sehr beliebt sind im Zusammenhang mit dem Magen die guten alten Memory-Spielchen: Was gehört zu wem? Aus diesem Grund solltest du den Inhalt von Tabelle 1 fürs Physikum parat haben.

Epithelzellen

- breiten sich bis in die Foveolae aus
- Schleimgranula in der apikalen Zellhälfte
- Abgabe der Granula per Exozytose
- bicarbonatreich
- Stimulation durch Prostaglandine
- Klinik: COX-1-Hemmung, NW: Erosionen

Nebenzellen

- vorwiegend im Isthmusbereich der Magendrüsen, eingekeilt zwischen Belegzellen
- muköse Sekretion

Hauptzellen

- vor allem im Hauptteil und Drüsengrund
- basophil mit rundem Zellkern, viel rER
- Sekretion von Pepsinogen auf Acetylcholin- oder Cholezystokinin-„Befehl"

Belegzellen (Parietalzellen)

- vor allem im Hals- und Hauptteil der Hauptdrüsen
- eosinophil, da viele Mitochondrien
- große Zellen mit „Spiegelei"-artigem Aussehen
- intrazelluläre Canaliculi mit H^+/K^+-Pumpe
- Produktion von Intrinsic factor
- Mitochondrien vom Cristae-Typ
- Carboanhydrase
- stimulierbar durch Gastrin, Histamin und Acetylcholin

enteroendokrine Zellen

- G-Zellen finden sich im Corpus und Pylorus. Sie sezernieren Gastrin, was die HCl-Sekretion direkt und indirekt fördert.
- ECL-Zellen finden sich im Fundus und Corpus. Sie sezernieren Histamin, das parakrin die HCl-Sekretion steigert.
- D-Zellen finden sich v. a. im Pylorus. Sie produzieren Somatostatin, das hemmend auf G- und ECL-Zellen wirkt.

Stammzellen

- im Isthmusbereich
- können sich zeitlebens zu den oben stehenden Zelltypen differenzieren

Tab. 1: Übersicht über die im Magen vorkommenden Zelltypen und ihre bevorzugte Lokalisation

> **Merke!**
> Die Tunica muscularis des Magens enthält als Besonderheit eine weitere Muskelschicht, die Fibrae obliquae.

> **Übrigens …**
> Beliebt sind auch Bilder der Pylorusregion des Magens, auf denen du erkennen sollst, dass es sich um die Pylorusregion handelt.
> Diese Diagnose lässt sich am besten indirekt stellen, indem du in der Tela submucosa auf eine bestimmte Drüsenart – die Brunnerdrüsen – achtest, die nur im Duodenum vorkommt. Genau davon handelt der nächste Abschnitt.

1.4.3 Duodenum (Zwölffingerdarm)

Funktionell markiert das Duodenum einen Übergang:
- Ösophagus und Magen sind verantwortlich für Transport und Zersetzung,
- die nachgeschalteten Darmabschnitte Ileum, Jejunum und Colon übernehmen vorwiegend Resorptionsaufgaben.

Zwischen diesen Aufgabenfeldern findet der Zwölffingerdarm seinen Platz. Die Struktur seiner Schleimhaut ist der des Dünndarms schon sehr ähnlich, in seinem Lumen empfängt er jedoch die Sekrete von Galle und Pankreas, die den Nahrungsbrei weiter chemisch zersetzen. Vom Pylorus bis zur Mitte des Ileums finden sich im Darm zirkulär verlaufende Schleimhautfalten, die **Plicae circulares** oder **Kerckring-Querfalten**. Diese stellen die erste Stufe der Oberflächenvergrößerung dar, die durch die Zotten und schließlich die Mikrovilli fortgesetzt wird. Die **Zotten** entstehen durch Falten der einschichtig wachsenden Enterozyten, **Mikrovilli** sind zytoplasmatische Ausstülpungen. Die Lamina muscularis mucosae folgt in toto nur den Kerckring-Falten.

1.4.3 Duodenum (Zwölffingerdarm)

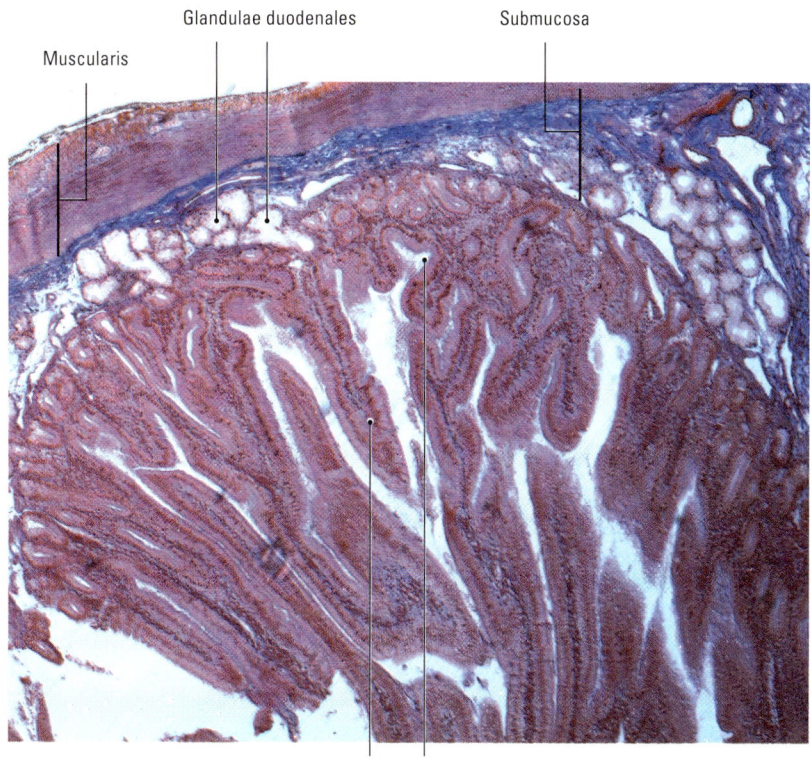

Abb. 6: Duodenum

medi-learn.de/6-histo3-6

Merke!

- Im gesamten Dünndarm beteiligen sich am Aufbau der Falten die Wandschichten bis einschließlich der Tela submucosa. Die Tunica muscularis folgt also NICHT dem Verlauf dieser Falten.
- Die Lamina muscularis mucosae folgt dem Verlauf der Falten und entsendet sogar Ausläufer in die Zotten. Diese können durch Kontraktion Pumpbewegungen der Zotten verursachen und damit die Stoffaufnahme steigern.

Übrigens ...
Zeigt ein Bild schöne, fast kreisrunde Strukturen und handelt es sich dabei um angeschnittene Zotten, so ist auf diesen Bildern IMMER auch Submucosa zu sehen.

Bürstensaum-Epithel

Der ganze resorptive Darmanteil ist von **Enterozyten** ausgekleidet. In ihrer Gesamtheit nennt man sie auch Saumepithel oder **Bürstensaum**, hauptsächlich deshalb, weil durch die oberflächlichen Mikrovilli der Eindruck eines (Bürsten-)Saumes entsteht.

Becherzellen

Der Saum aus Enterozyten ist nur an einigen Stellen unterbrochen. Dort befinden sich die apikalen Öffnungen der **Becherzellen**. Diese Zellen produzieren ein schleimiges Sekret, das sie per **Exozytose** abgeben. Man bezeichnet sie als unizelluläre oder auch intraepitheliale Drüsen, weil sie einzeln in einem Epithelverband liegen.

1 Verdauungstrakt

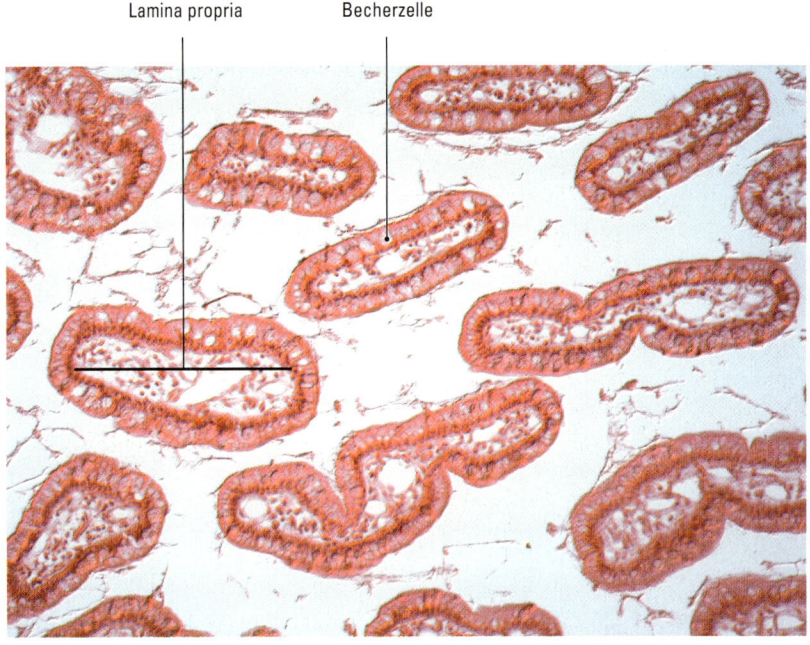

Abb. 7: Duodenalzotten vergrößert

medi-learn.de/6-histo3-7

> **Merke!**
>
> Becherzellen befinden sich im gesamten Darm, aber NICHT im Ösophagus und nur sehr wenige im Magen.

Übrigens ...
Becherzellen sind leicht zu erkennen und verleiten so oft zu einer übereilten Diagnose. Eine häufige Verwechslung dürfte zwischen Darm und Trachea vorkommen. Daher solltest du für eine sichere Diagnose immer mehrere Kriterien berücksichtigen, wie z. B. Mehrreihigkeit des Epithels und Knorpelgewebe in der Trachea oder die Lamina muscularis mucosae der Darmschleimhaut.

Glandulae intestinales (Lieberkühn-Krypten)

Dort, wo sich die Zotten an ihrer Basis aneinander schmiegen, entsteht ein kleiner, schmaler Gang. Dieser setzt sich noch ein Stück weit in die Tiefe fort und wird dort als Krypte bezeichnet. Durch ihre Entdeckung hat sich ein Herr Lieberkühn verewigt, ihr anderer Name ist Glandulae intestinales.

Paneth-Körnerzellen

Interessant sind diese Lieberkühn-Krypten aus zweierlei Gründen: Erstens wird dadurch die resorptive Oberfläche nochmals vergrößert und zweitens versteckt sich auf ihrem Grund eine besondere Zellart, die Paneth-Körnerzellen (s. IMPP-Bild 4, S. 61 im Anhang). Wie der Name schon sagt, erscheinen sie im Schnittbild körnig. Aufgrund ihres Verhaltens bei Anfärbung heißen sie auch **oxyphile Zellen**, was schon öfter mal eine Examensfrage wert war. Es handelt sich hierbei um exokrine Drüsen, die bakteriolytisches **Lysozym** an das Darmlumen abgeben. Daher kann man sie in die Rubrik unspezifische Abwehr einsortieren.

Brunnerdrüsen

Die Brunnerdrüsen sind die absolute Spezialität des Duodenums. Hierbei handelt es sich um muköse Drüsen, deren zum Teil gewundene Gänge in der Tela submucosa liegen. Sie folgen dem Verlauf der Querfalten (s. Abb. 6, S. 9).

> **Merke!**
> - Glandulae intestinales setzen sich in der Tiefe bis zur Lamina muscularis mucosae fort.
> - Paneth-Körnerzellen kommen am Boden der Lieberkühn-Krypten, aber auch in den Glandulae jejunales vor.
> - Kein Duodenum ohne Brunnerdrüsen. Sie sind hier das wichtigste Kriterium zur Orientierung.

1.4.4 Restlicher Dünndarm

Jetzt kommen wir endlich dorthin, wo all unsere Nährstoffe ins Blut aufgenommen werden: ins Jejunum (s. IMPP-Bild 4 und IMPP-Bild 5, S. 61 im Anhang) und Ileum.
Für die Differenzialdiagnose der Dünndarmabschnitte sind diese Fakten wichtig:

Duodenum
- hohe, dichte Falten mit **Zotten**
- Krypten
- im Bulbus KEINE Ringfalten
- **Brunnerdrüsen** = muköse Drüsen in der Tela submucosa, die bicarbonatreiches Sekret für die Neutralisation des sauren Mageninhalts sezernieren.

Jejunum
- Falten und Zotten nehmen ab
- Kryptentiefe nimmt zu
- KEINE Brunnerdrüsen („Leerdarm")

Ileum
- tiefe **Lieberkühn-Krypten**
- Kryptentiefe nimmt zu
- **Peyer-Plaques** (aggregierte Lymphfollikel und Teil des MALT-Systems (mucosa associated lymphoid tissue) oder spezieller des GALT (gut associated lymphoid tissue), die dem Mesenterialansatz gegenüber liegen). Das Epithel der Peyer-Plaques weist M-Zellen auf. M-Zellen (microfold Zellen) befinden sich im Epithel der Schleimhaut (M-Epithel) über den Lymphfollikeln. Sie sind zur Transzytose befähigt, spielen eine wichtige Rolle bei der Immunabwehr (auch bei oralen Impfstoffen) und gehören zum MALT.

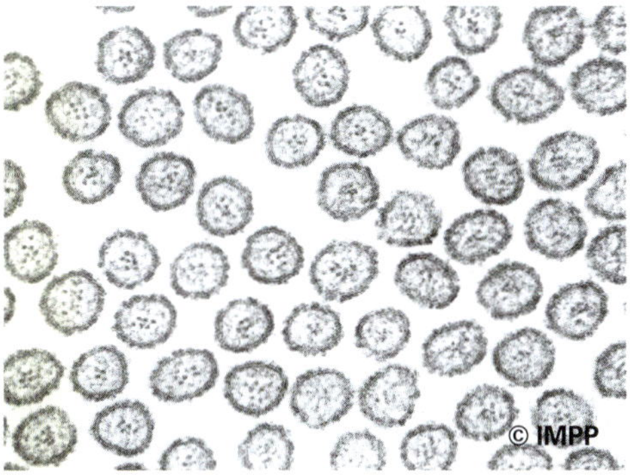

Abb. 8: Elektronenmikroskopische Aufnahme von Darmzotten

medi-learn.de/6-histo3-8

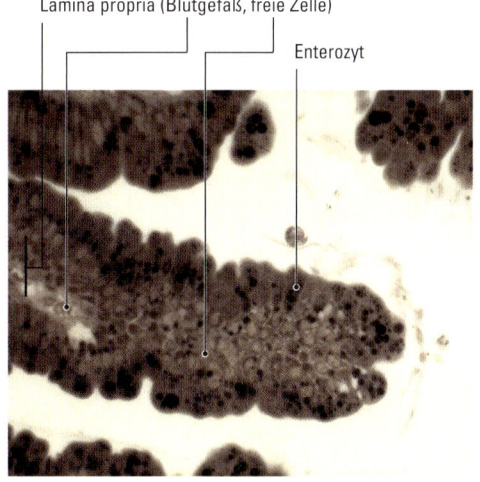

Abb. 9: Längsschnitt Darmzotten

medi-learn.de/6-histo3-9

1 Verdauungstrakt

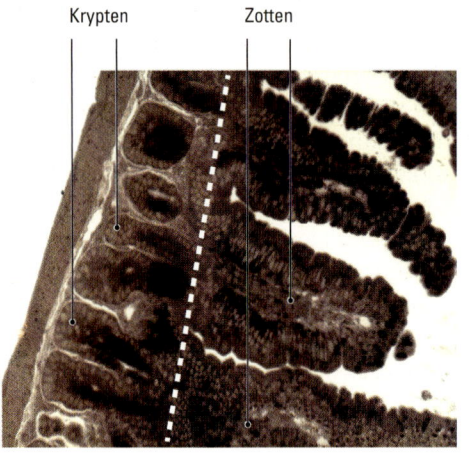

Abb. 10: Längsschnitt Darmkrypte + Zotte

medi-learn.de/6-histo3-10

> **Merke!**
> - Zotten und Plicae nehmen analwärts ab / Kryptentiefe zu (im Colon gibt es nur noch Krypten).
> - Das „Dünndarmbäumchen" besteht (von groß nach klein) aus: Falte – Zotte – Mikrovilli.
> - Die Regeneration erfolgt durch Mitose in den Krypten.

Im Anhang findest du eine Tabelle, die dir hilft, einen Überblick über die Unterschiede im Verdauungstrakt über die jeweils typischen Strukturen zu bekommen.

Enterozyten

Die wichtigsten Zellen und kleinsten funktionellen Einheiten des **Darms** sind die **Enterozyten**. Diese kleinen Zellen haben es wirklich in sich, denn von ihnen hängt immerhin unser Überleben ab. Im Jejunum ist ihre Hauptaufgabe die Resorption von **Kohlenhydraten, Fetten und Aminosäuren**, im Ileum kommt noch die Aufnahme von **Vitamin B_{12}** hinzu und dafür sind sie bestens gerüstet. Im Vordergrund steht die Oberflächenvergrößerung, die durch den Besatz mit Mikrovilli erreicht wird. Mikrovilli sind Ausstülpungen der Zellmembran, die so auf ein Vielfaches ihrer ursprünglichen Grundfläche anwächst.

Die Enterozyten sitzen als **einreihiges Epithel** auf der Basalmembran und sind lediglich von Becherzellen unterbrochen. Da es sich um eine Oberfläche gegenüber der Außenwelt handelt, dürfen die Enterozyten nicht alles hineinlassen. Zu diesem Zweck haben sie ein **Schlussleistennetz**, das alle Enterozyten an ihrem apikalen Rand miteinander verschweißt. Auf einem histologischen Bild kann man dieses Schlussleistennetz an den kleinen schwarzen Punkten erkennen, die direkt unterhalb des Bürstensaums liegen. Die Regeneration erfolgt durch Zellteilung der Enterozyten in den Krypten.

> **Übrigens ...**
> - Häufig – weil leicht möglich – ist die Verwechslung von Mikrovilli mit Kinozilien. Da es im Darm jedoch nirgendwo Kinozilien gibt, bewahrt einen auch hier die genaue Diagnose vor Punktverlust. Auch hier heißt also die spannende Frage: Darm oder Trachea. Bedenke die Unterschiede (s. Enterozyten) und lasse dir beim Beantworten der Fragen lieber eine Minute mehr als eine zu wenig Zeit.
> - Häufig wurde auch nicht direkt nach Kinozilien gefragt, sondern nach deren intrazellulären Bestandteilen, den Kinetosomen. Da es im Darm aber KEINE Kinozilien gibt, gibt es dort natürlich auch KEINE Kinetosomen.

Da die molekulare Biologie ja schwer auf dem Vormarsch ist, gibt es hierzu auch gerne Fragen. Beim Thema Dünndarm geht es dabei vor allem um die zellulären Transportmechanismen:

An der apikalen (der dem Lumen zugewandten) Seite enthalten die Enterozyten verschiedene Transportproteine. Diese arbeiten als Co-

1.4.4 Restlicher Dünndarm

transporter, was bedeutet, dass sie Natrium in die Zelle auf- und gleich noch etwas anderes mitnehmen; entweder eine Glucose oder eine Aminosäure. Für diese Aufnahme bedarf es einer treibenden Kraft, die durch die basal gelegene **Natrium-Kalium-ATPase** bereitgestellt wird. Diese Pumpe senkt den intrazellulären Na^+-Spiegel weit genug ab, um einen Na^+-Gradienten zwischen der Zelle und dem Darmlumen zu schaffen, der das lumenseitige Natrium in die Zelle treibt.

> **Merke!**
> - Enterozyten nehmen an ihrer luminalen Membran Glucose und Aminosäuren über Na^+-Cotransport auf.
> - Enterozyten verfügen über eine basale Na^+-K^+-ATPase.

Und was ist mit den **Fetten**? Die müssen doch nicht etwa draußen bleiben? Die Fette (Triglyceride) werden von den Lipasen des Pankreas in **freie Fettsäuren** zerlegt, die durch die apikale Zellmembran in die Enterozyten diffundieren (Fett in Fett gelöst). Intrazellulär werden sie im glatten endoplasmatischen Retikulum wieder zu **Triglyceriden** synthetisiert und mit einer speziellen Hülle versehen. Diese Gebilde im Inneren der Enterozyten sehen aus wie Fettaugen (wie das Öl auf dem Nudelwasser) und werden Chylomikronen genannt. Die Chylomikronen verlassen die Enterozyten an der Basis mittels Exozytose und werden über die Lymphe zum linken Venenwinkel befördert.

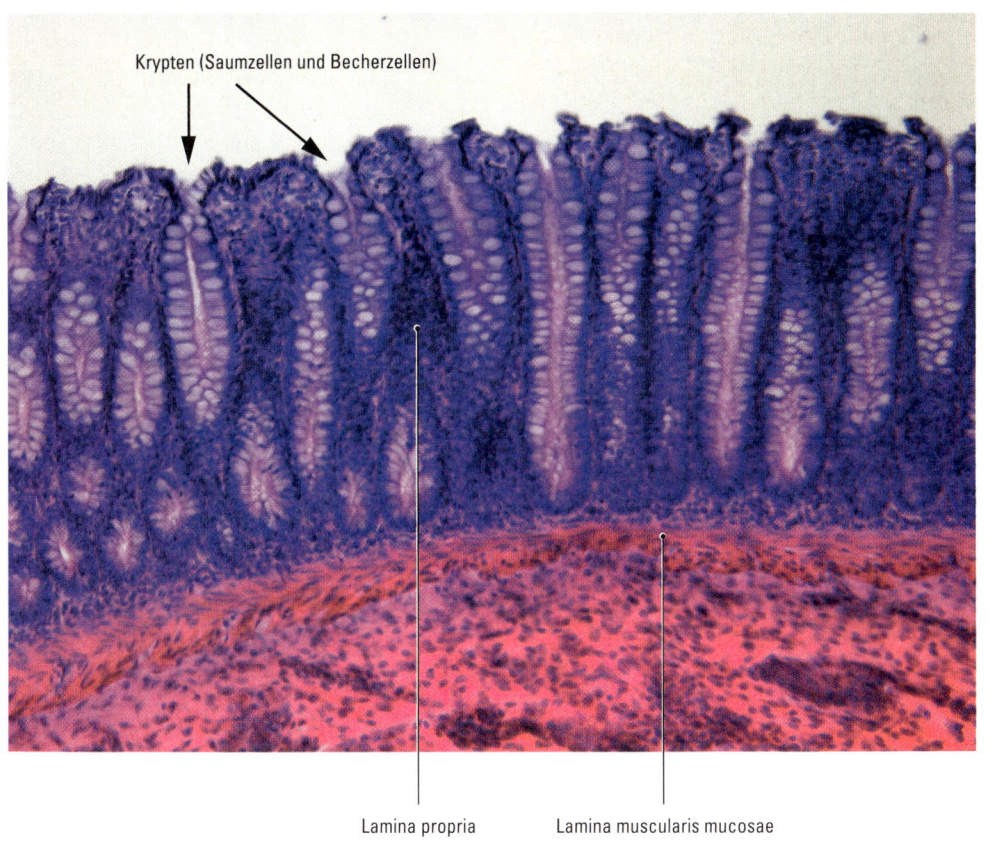

Abb. 11: Längsschnitt Colon

1 Verdauungstrakt

> **Merke!**
> – Enterozyten nehmen freie Fettsäuren auf und geben selbst hergestellte Triglyceride als Chylomikronen ab.
> – Die Chylomikronen haben KEINE eigene Membran; die Fettaugen auf der Suppe ja schließlich auch nicht. Die finden sich einfach sooo gut, dass sie gerne zusammenbleiben …

Übrigens …
Wird ein größerer Teil des Dünndarms entfernt, können die fehlende Wasser-, Nährstoff- und Fettresorption zu massiven Beschwerden führen (Kurzdarmsyndrom).

1.4.5 Colon

Mit dem terminalen Ileum und der dortigen Aufnahme von Cobalamin (Vitamin B_{12}) ist die Resorption der Nährstoffe weitestgehend abgeschlossen. Jetzt muss der Stuhl nur noch eingedickt werden. Nachdem im Dünndarm über die zahlreichen Zotten bereits drei Viertel der Flüssigkeitsmenge resorbiert wurden (getrunkene Flüssigkeit und in das Darmlumen abgegebene Verdauungssekrete), werden die letzten 2 l Flüssigkeit erst im Colon resorbiert. Dies ist eine der Hauptaufgaben des Colons. In seinem Lumen befinden sich KEINE Zotten mehr. Stattdessen ist seine Schleimhaut in **tiefe Krypten** eingefaltet und von zahlreichen **Becherzellen** durchsetzt (s. Abb. 13, S. 15 und IMPP-Bild 6, S. 62). Denn je trockener der Darminhalt wird, desto größer wird auch die Reibung, und ge-

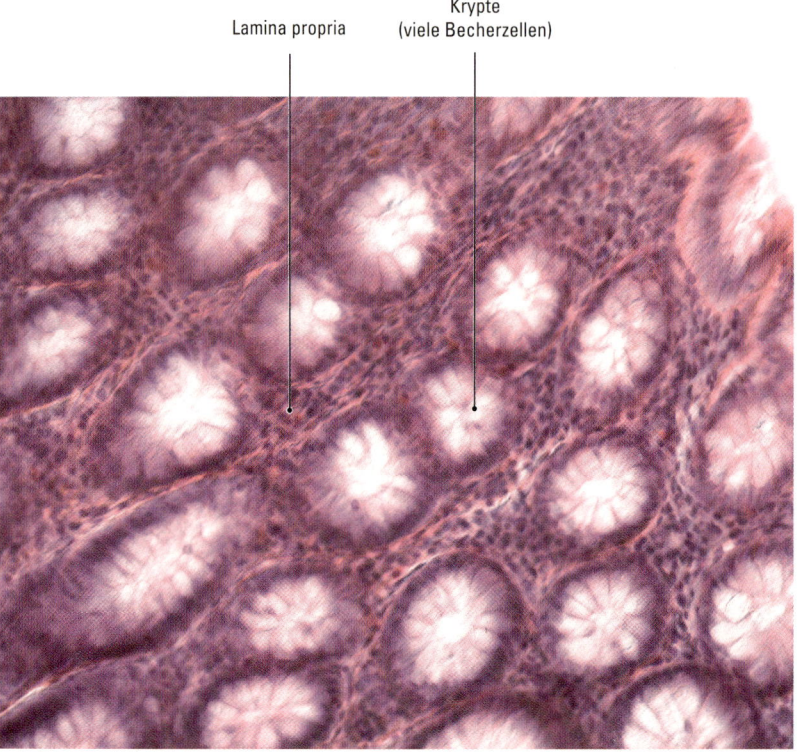

Lamina propria — Krypte (viele Becherzellen)

Abb. 12: Kryptenquerschnitt Colon medi-learn.de/6-histo3-12

1.4.5 Colon

nau die wird durch den Schleim dieser Zellen gemindert. Daher nehmen die Becherzellen analwärts zu. Vom Colon aus gelangt der eingedickte Stuhl ins Rektum, in die Ampulle und von dort endlich nach draußen.

> **Merke!**
>
> Kennzeichen des Colons sind tiefe Krypten und eine von vielen Becherzellen durchsetzte Schleimhaut.

Außerdem ist das Colon von **saprophytischen Bakterien** besiedelt. Diese possierlichen Tierchen erfüllen verschiedene Aufgaben für den Menschen: Sie sind für die Reifung des **Immunsystems** von Bedeutung und ermöglichen den enterohepatischen Kreislauf, z. B. durch Freisetzen von Bilirubin aus Bilirubindiglucuronid. Das nun freie Bilirubin wird im Darm zu Urobilinogen und Stercobilinogen umgebaut, zum Teil ins Blut aufgenommen und per Fäzes sowie renal ausgeschieden.

Übrigens ...
Ratten, die unter derart sterilen Bedingungen aufgewachsen sind, dass sie keine Keimbesiedelung des Darms zeigen, konnten auch kein potentes Immunsystem entwickeln und starben bei ihrem ersten Kontakt mit Bakterien.

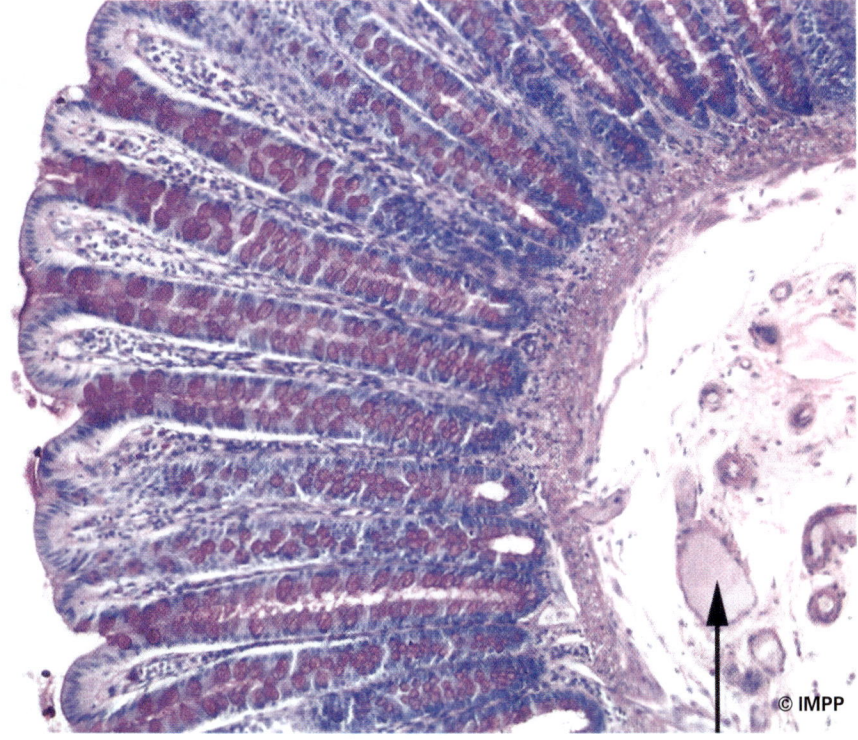

Die Becherzellen sind lila angefärbt, der Pfeil zeigt auf ein Gefäß in der Tela submucosa.

Abb. 13: Kolonkrypten (Längsschnitt)

medi-learn.de/6-histo3-13

DAS BRINGT PUNKTE

Im gesamten **Verdauungstrakt** sind die unterschiedlichsten Zelltypen angesiedelt. Sie unterscheiden sich im Aussehen und in ihrer molekularen Zusammensetzung. Für den schriftlichen Teil ist besonders dieses Wissen um einzelne Zellen und Enzyme wichtig.

Beim Thema **Magen** kommt immer wieder das Memoryspiel (s. Tab. 1, S. 8).
Besonders gut merken sollst du dir, dass
- Belegzellen auch Parietalzellen heißen und in ihrer apikalen Membran eine ATP-betriebene Protonenpumpe haben.
- Belegzellen den Intrinsic factor synthetisieren.
- Hauptzellen ein Protein herstellen (Pepsinogen) und darum viel raues ER haben.

Zum Thema **Darm** solltest du im Examen wissen, dass
- es im Darm KEINE Clara-Zellen und KEINE Kinozilien gibt.
- Paneth-Körnerzellen an der Basis der Krypten liegen und Lysozym sezernieren.
- Enterozyten an ihrer luminalen Membran Glucose und Aminosäuren mittels Na^+-Cotransport aufnehmen.
- Enterozyten über eine basale Na^+-K^+-ATPase verfügen.
- die Lamina muscularis mucosae dem Verlauf der Falten sehr wohl folgt und sogar Ausläufer in die Zotten entsendet.

FÜRS MÜNDLICHE

Das Magenzellenmemory ist auch im Mündlichen ein sehr beliebtes Spiel (s. Tab. 1, S. 8). Daneben wird Folgendes noch gerne gefragt:

1. Beschreiben Sie bitte den Grundaufbau des Darmrohrs.
2. Woran erkennen Sie das Duodenum?
3. Woran erkennen Sie den Magen?
4. Welche Arten der Oberflächenvergrößerung kennen Sie?

1. Beschreiben Sie bitte den Grundaufbau des Darmrohrs.
Der Darm lässt sich grob in drei Teile gliedern:
- Die Muscularis ist in eine innere Ring- und eine äußere Längsschicht gegliedert; dazwischen liegt der Auerbach-Plexus.
- Die Mucosa verfügt über eine eigene Muskelschicht, die Muscularis mucosae.
- Intraperitoneal gelegene Anteile zeigen als äußerste Schicht die Serosa (s. Abb. 1, S. 1).

2. Woran erkennen Sie das Duodenum?
Die besonderen Kennzeichen des Duodenums sind:
- Zotten,
- Krypten,
- Becherzellen,
- Brunnerdrüsen (die sichern die Diagnose!).

FÜRS MÜNDLICHE

3. Woran erkennen Sie den Magen?
Die besonderen Kennzeichen des Magens sind:
- Foveolae gastricae,
- Glandulae gastricae, die bis an die Muscularis mucosae heranreichen.

4. Welche Arten der Oberflächenvergrößerung kennen Sie?
- Querfalten (Plicae circulares),
- Zotten,
- Krypten,
- Mikrovilli.

Mehr Cartoons unter www.medi-learn.de/cartoons

Pause

Es wird Zeit für ein bisschen Entspannung ...
Mach' doch mal eine etwas längere Pause und dreh die Musik
ordentlich auf – vielleicht mit einem Ohrwurm?!

2 Oberbauchdrüsen

Fragen in den letzten 10 Examen: 7

Wie im vorangegangenen Kapitel beschrieben, müssen die aufgenommenen Nährstoffe vor ihrer Aufnahme in den Körper zersetzt und in ihre molekularen Bestandteile zerlegt werden. Einen Teil dieser Aufgabe übernimmt die Schleimhaut selbst. Da wir Menschen im Laufe unserer Entwicklung sehr große Säugetiere geworden sind, haben wir auch einen sehr großen Energiebedarf entwickelt und müssen folglich auch sehr viel essen. Die Schleimhaut allein war daher irgendwann mit der Zerlegung der Nahrung überfordert und hat kurzerhand Teile von sich nach außen verlagert. Daraus haben sich zwei große Drüsen entwickelt, die dem Darm bei der Verdauung helfen: das **Pankreas** und die **Leber**.

> **Merke!**
>
> Die exokrinen Anteile von Pankreas und Leber entstammen entwicklungsgeschichtlich dem Darmrohr.

2.1 Pankreas

Die Bauchspeicheldrüse hat zwei wichtige Aufgaben für den Stoffwechsel:
- Als **exokrines Pankreas** produziert sie sehr potente Enzyme, die im Lumen des Darms Folgendes spalten können:

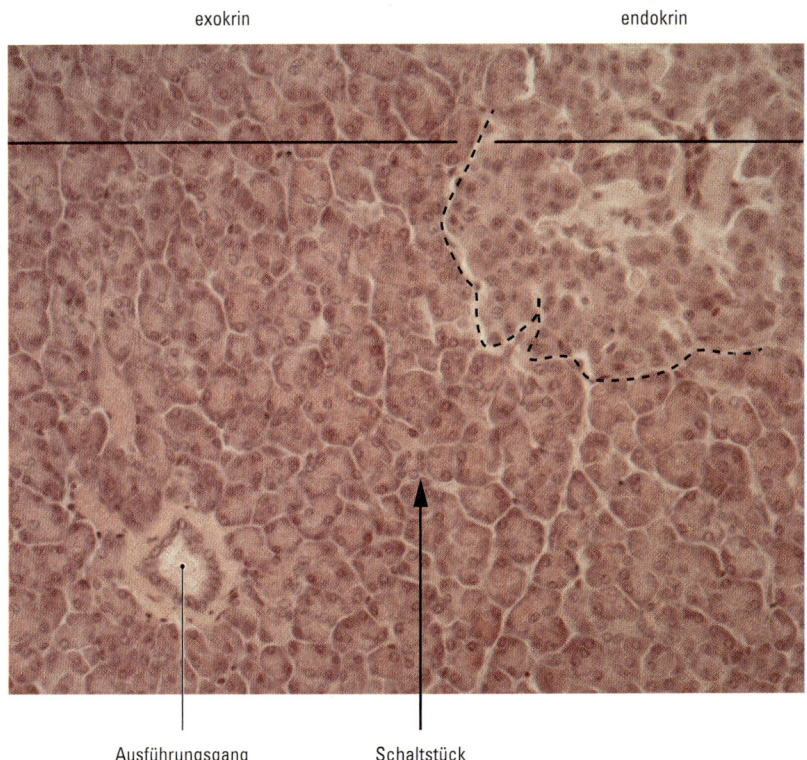

Abb. 14: Pankreas mit Schaltstück + Insula (heller)

2.1 Pankreas

- Proteine = **Trypsin**, **Chymotrypsin**,
- Kohlenhydrate = **Amylasen**,
- Fette = **Lipasen**.
- Als **endokrines Pankreas** produziert es hauptsächlich Insulin und Glukagon, zwei antagonistisch wirkende Hormone des Kohlenhydratstoffwechsels:
  - **Insulin** = blutzuckersenkend,
  - **Glukagon** = blutzuckersteigernd (glykogenolytisch).

> **Merke!**
>
> Das exokrine Pankreas produziert Trypsin, Chymotrypsin, Amylasen und Lipasen. Das endokrine Pankreas stellt Insulin und Glukagon bereit.

Intelligenterweise werden die proteinspaltenden Enzyme des exokrinen Pankreas als inaktive Vorstufen synthetisiert, die erst durch eine limitierte Proteolyse im Bereich des Duodenums aktiviert werden. Damit schützt sich das Pankreas vor Selbstverdauung.

> **Übrigens ...**
>
> Wenn sich die Bauchspeicheldrüse entzündet, kann es vorkommen, dass ihre Enzyme in den Pankreasgängen aktiviert werden und tatsächlich anfangen, es zu verdauen. Daher kommen die schrecklichen Schmerzen bei einer Pankreatitis.

Das Pankreas gehört mit der Glandula parotidea (Ohrspeicheldrüse) und der Tränendrüse (Glandula lacrimalis) zu den rein serösen Drüsen. Seine sekretorischen Enzyme werden in den **Azinuszellen** der **Drüsenendstücke** synthetisiert, in denen sich aus diesem Grund auch **reichlich raues ER befindet** (s. Skript Histologie 1). Da es sinnvoll ist, die Abgabe der Enzyme an die Anforderungen der Verdauung zu koppeln, werden die Azinuszellen hormonell und parasympathisch reguliert. Dementsprechend verfügen sie auch über Rezeptoren für **Acetylcholin** und **Cholezystokinin**. Vom Ort seiner Herstellung gelangt das Sekret dann durch die **Schaltstücke** in den Pankreasgang, der auf der Papilla vateri im Duodenum mündet. Manche Zellen der Schaltstücke ragen in das Zentrum eines solchen Azinus hinein. Dort nennt man sie **zentroazinäre Zellen**. Diese Zellen beteiligen sich an der Sekretproduktion indem sie viel Bicarbonat abgeben. Dafür sind sie mit dem Enzym **Carboanhydrase** ausgestattet.

> **Merke!**
>
> - Azinuszellen verfügen über viel raues ER und über Rezeptoren für Acetylcholin und Cholezystokinin.
> - Zentroazinäre Zellen sind reich an Carboanhydrase.
> - Sekretin wirkt stimulierend auf die zentroazinären Zellen des Pankreas.

Der endokrine Teil der Bauchspeicheldrüse wird durch die **Langerhans-Inseln** repräsentiert, die als Zellnester verstreut im Pankreas liegen. Da sie sich schlechter anfärben als das umliegende Gewebe, sind sie im Präparat gut zu erkennen (s. Abb. 14, S. 18 und IMPP-Bild 7, S. 62 und IMPP-Bild 8, S. 63 im Anhang). In diesen Inseln befinden sich vier verschiedene Zellarten:

- **B-Zellen**, die **Insulin** produzieren, das im Körper die **Glykogensynthese** induziert und dadurch den Blutglucosespiegel senkt. Sie stellen mit 80 % den größten Anteil am endokrinen Pankreas.
- **A-Zellen**, die **Glukagon** abgeben, das antagonistisch zum Insulin wirkt (glykogenolytisch) und etwa 20 % des endokrinen Pankreas ausmachen.
- **D-Zellen**, die **Somatostatin**, und **PP-Zellen**, die das **pankreatische Polypeptid** abgeben. Diese beiden stellen kleine Subpopulationen dar.

2 Oberbauchdrüsen

Zellart	Wirkstoff	Wirkung
(β-)B-Zellen	Insulin	– Glykogensynthese – Einbau von Glut-4-Glucosetransportern für erleichterte Diffusion
(α-)A-Zellen	Glukagon	– Glykogenolyse – Gluconeogenese
(δ-)D-Zellen	Somatostatin	– Hemmung der Sekretion von Insulin und Glukagon
PP-Zellen	pankreatisches Polypeptid	– hemmt die exokrine Sekretion – relaxiert die Gallenblase

Tab. 2: Zellen des endokrinen Pankreas

2.2 Leber

Die Leber ist der Biochemiker unter den Organen und jeder Biochemiker hat seine Freude an ihr. Als zentrales Stoffwechselorgan steht sie zwischen dem Darm und dem Rest des Körpers, wacht über das Blut, entgiftet den Körper und – als wäre das noch nicht genug – gibt mit der Galle ein Sekret ab, das die Fettverdauung fördert. Dafür ist die Leber bestens gerüstet, was sich auch an ihrer Histologie zeigt.

2.2.1 Leberläppchen

Die Leber erhält über die Vena portae (Pfortader) und die Arteria hepatica propria ihre Zuflüsse:

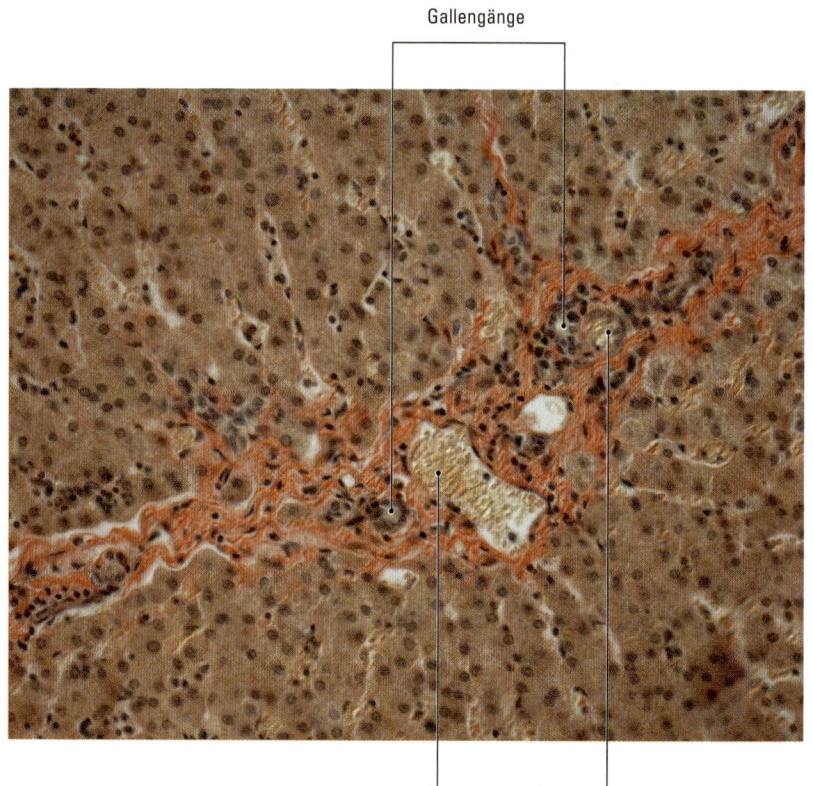

Abb. 15: Trias hepatica = Glisson-Trias

medi-learn.de/6-histo3-15

2.2.1 Leberläppchen

- Die Pfortader bringt vom Darm kommend viele gelöste Aminosäuren und Kohlenhydrate,
- die Leberarterie bringt Sauerstoff, Fette (aus dem Ductus thoracicus) und Stoffwechselendprodukte.

Makroskopisch verlaufen diese beiden Gefäße im **Ligamentum hepatoduodenale** gemeinsam mit dem Gallengang (Ductus choledochus), der sein Sekret von der Leber weg transportiert.

Diese Trias aus Vene, Arterie und Gallengang verzweigt sich immer weiter, bis man sie schließlich im **Glisson-Dreieck** (periportales Feld oder Trias hepatica) wiederfindet (s. Abb. 15, S. 20 und IMPP-Bild 9, S. 63 im Anhang). Zwischen diesen **Periportalfeldern** liegen die Leberläppchen. Sie haben eine polygonale Form. Von ihren Rändern ziehen die **Lebersinusoide** zur Zentralvene (s. Abb. 17, S. 23). Die radiäre Struktur der Sinusoide wird einerseits durch die Hepatozyten, andererseits durch gefensterte Endothelzellen gebildet.

Aus den Gefäßen ergießt sich das Blut in die Sinusoide, in denen sich daher arteriovenöses Mischblut befindet. Zwischen den gefensterten (auch diskontinuierlichen) Endothelien – die KEINER Basalmembran aufsitzen und in ihren Poren KEIN Diaphragma haben – und den Leberzellen gibt es einen freien Raum, der **Disse-Raum** genannt wird (s. IMPP-Bild 10, S. 64 im Anhang). Hier haben die Hepatozyten direkten Kontakt zum Plasma, aus dem sie die Aminosäuren und die Glucose resorbieren und in das sie die **Plasmaeiweiße** sezernieren. Neben diesen Aktivitäten synthetisiert und speichert die Leber noch viel **Glykogen** aus der Gluco-

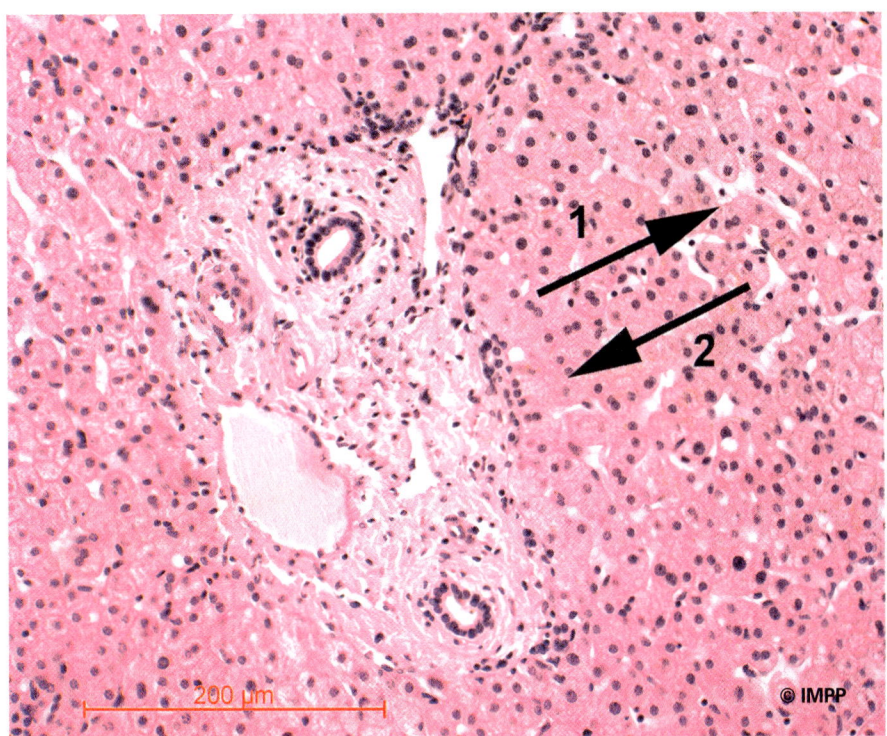

Pfeil 1 zeigt die Flussrichtung des Blutes aus der V. portae hepatis,
Pfeil 2 zeigt die Flussrichtung der Galle in den Canaliculi biliferi.

Abb. 16: Mikroskopisches Bild der Leber   medi-learn.de/6-histo3-16

2 Oberbauchdrüsen

se des Pfortaderbluts. Schließlich läuft in den Zentralvenen das veränderte Blut zusammen, verlässt über die Venae hepaticae die Leber und mündet in die Vena cava inferior.

> **Merke!**
>
> – Die polygonalen Felder heißen Leberläppchen.
> – Der Disse-Raum liegt zwischen den Hepatozyten und den gefensterten Endothelzellen.
> – In den Sinusoiden gibt es KEINE Basalmembran.
> – Aus den in den Hering-Kanälen (Schaltstücken zwischen Hepatozyten und interlobulären Gallengängen) liegenden Stammzellen kann sich Lebergewebe regenerieren. Diese Stammzellen sind Epithelzellen.

2.2.2 Portales Feld

Stellt man die Produktion und den Abtransport der Galle in den Vordergrund, so kann man die Leber histologisch auch anders unterteilen: Man denkt sich ein Dreieck zwischen drei Zentralvenen und hat dann die Trias hepatica im Zentrum (s. Abb. 15, S. 20).
Die Galle hat verschiedene Aufgaben:
– In ihr werden die Endprodukte der hepatischen Entgiftung, einfach gesagt, der ständig im Körper anfallende Müll) ausgeschleust. Wichtig ist z. B. das glucuronidierte Bilirubin, ein Abbauprodukt des Häm.
– Mit ihr werden die Gallensäuren ausgeschieden. Sie können im Darm größere Fettpartikel emulgieren (in Lösung bringen) und sie so für die Lipasen des Pankreas angreifbar machen.

Die intrahepatischen Gallengänge besitzen KEIN eigenes Epithel. Sie liegen einfach zwischen den Hepatozyten, deren Seitenwände die Gänge bilden. Um ein Auslaufen zu verhindern, sind diese Gänge mit Zonulae occludentes und Desmosomen abgedichtet. Die extrahepatischen Gallenwege dagegen sind mit einem einschichtigen, kubischen Epithel ausgekleidet.

> **Merke!**
>
> Jeweils ein Ast der Pfortader, der Leberarterie und der abführenden Gallenwege bilden zusammen die Trias hepatica, die auch **Glisson-Trias** genannt wird. Das Dreieck mit der zentralen Trias hepatica heißt portales Feld.

Übrigens ...
Bei einer Verletzung der Leberzellen (z. B. durch eine Hepatitis) tritt Galle ins Blut über, was zu einer Gelbfärbung der Skleren und der Haut führt. Das zugehörige Krankheitsbild heißt Ikterus oder Gelbsucht.

2.2.3 Kupffer-Sternzellen

Die Lebersinus könnte man mit den Gängen eines Zollamts vergleichen: Mit dem Pfortaderblut kommen zahlreiche Waren angeschwemmt. Da sich hier auch schon mal der eine oder andere ungebetene Gast einschleicht, gibt es in den Sinusoiden die **Kupffer-Sternzellen** (= Zollbeamten).
Sie gehören zum **monozytären Phagozytosesystem**, sitzen in regelmäßigen Abständen dem Endothel auf und überwachen das vorbeiströmende Blut. Fremdstoffe und fremde Organismen, die sich über den Darm eingeschlichen haben, können so frühzeitig abgefangen werden. **Kupffer-Sternzellen** haben einen hohen **Eisengehalt** und lassen sich mit Tusche, die sie verspeisen, gut anfärben (s. Abb. 17, S. 23).

2.2.4 Ito-Zellen

Inmitten der Hepatozyten liegen verstreut einzelne Zellen, über deren Funktion noch nicht so viel bekannt ist. Man weiß allerdings und fragt es auch im Examen, dass sie mit dem Fettstoffwechsel in Verbindung stehen und dass sich **Vitamin A** stark in ihnen anreichern kann. Der Name dieses noch (fast) weißen Flecks auf unserer Zelllandkarte lautet Ito-Zellen. Sie liegen im Disse-Raum.

2.2.4 Ito-Zellen

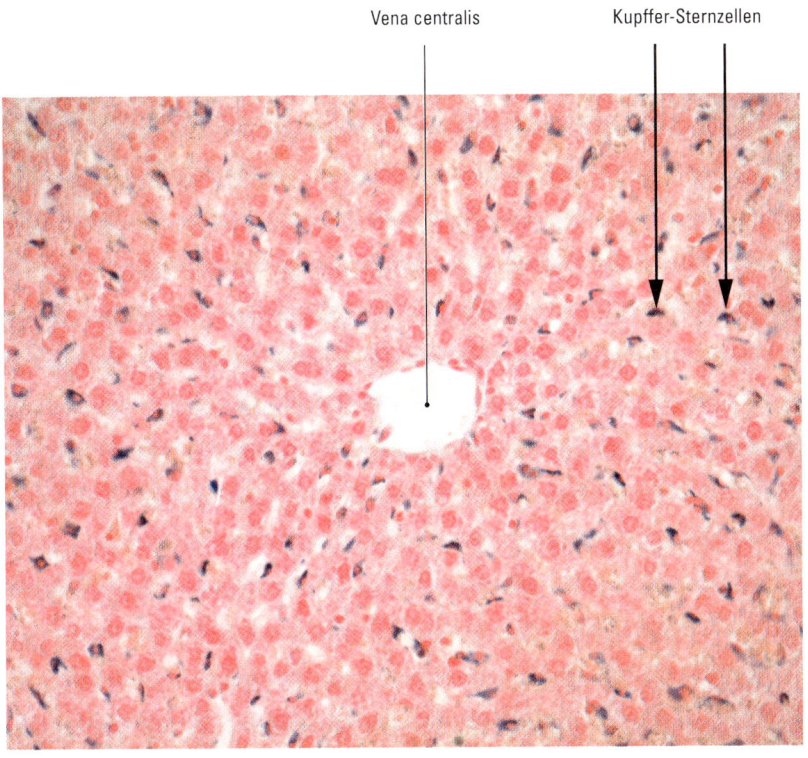

Abb. 17: Lebersinusoide und Kupffer-Sternzellen

DAS BRINGT PUNKTE

Die beiden **Oberbauchdrüsen** sind Wunderwerke der Biochemie, besonders die Leber. Die schriftlichen Fragen zur Leber sind daher auch wesentlich häufiger als die zum Pankreas. Das Wichtigste davon nochmal in Kürze:

Pankreas:
– Die Zuordnung von Zellart zu Syntheseprodukt und dessen Wirkung.
– Das exokrine Pankreas produziert Trypsin, Chymotrypsin, Amylasen und Lipasen.
– Die Azinuszellen stehen über Tight Junctions miteinander in Verbindung.

Leber:
– Die Sinusoide haben keine Basalmembran.
– Die Sinusoide öffnen sich über Endothelporen in den Disse-Raum.
– Kupffer-Sternzellen sind zur Phagozytose fähig.
– Den Gallengang der Trias hepatica erkennt man an seinem kubischen Epithel mit den prominenten Zellkernen.

FÜRS MÜNDLICHE

Die Zellen des endokrinen Pankreas und ihre Aufgaben sind auch im Mündlichen sehr beliebte Themen (s. Tab. 2, S. 20). Daneben wird noch gerne gefragt:

1. Nennen Sie die Aufgaben des Pankreas.
2. Wie sichern Sie die Diagnose Pankreas?
3. Schildern Sie den Aufbau eines Leberläppchens.
4. Nennen Sie die Aufgaben der Leber.

1. Nennen Sie die Aufgaben des Pankreas.
Die Aufgabe des exokrinen Pankreas ist die Verdauung von
– Aminosäuren mit Trypsin und Chymotrypsin,
– Kohlenhydraten mit Amylase und
– Fetten mit der Lipase.
Die Aufgabe des endokrinen Pankreas ist die Sekretion der Hormone Insulin und Glukagon. Diese beiden regulieren als Gegenspieler den Blutzuckerspiegel: Insulin senkt ihn und Glukagon hebt ihn an.

2. Wie sichern Sie die Diagnose Pankreas?
Tipp: Das Pankreas ist ein schweres Präparat, also langsam und mit Bedacht anfangen zu erzählen. Zunächst könntest du sagen, dass das Pankreas eine seröse Drüse ist. Es enthält lange Schaltstücke, die sich als zentroazinäre Zellen in die Drüsenendstücke hinein fortsetzen. Das Pankreas hat nur seröse Endstücke. Seine hellgefärbten Langerhans-Inseln sichern dir die Diagnose (s. Abb. 14, S. 18).

3. Schildern Sie den Aufbau eines Leberläppchens.
Leberläppchen haben eine polygonale Form und sind meistens sechseckig.
Sie enthalten:
– Zenralvene,
– Sinusoide,
– Trias hepatica mit Vene, Arterie und Gallengang.

FÜRS MÜNDLICHE

4. Nennen Sie die Aufgaben der Leber.

Aufbau von
- Albumin,
- Gerinnungsfaktoren,
- Glykogen.

Abbau von
- Giften,
- Stoffwechselendprodukten,
- Produktion und Abgabe der Galle zur Entgiftung und Fettverdauung.

Pause

Kein Kommentar – kurze Pause!

Ein besonderer Berufsstand braucht besondere Finanzberatung.

Als einzige heilberufespezifische Finanz- und Wirtschaftsberatung in Deutschland bieten wir Ihnen seit Jahrzehnten Lösungen und Services auf höchstem Niveau. Immer ausgerichtet an Ihrem ganz besonderen Bedarf – damit Sie den Rücken frei haben für Ihre anspruchsvolle Arbeit.

- Services und Produktlösungen vom Studium bis zur Niederlassung
- Berufliche und private Finanzplanung
- Beratung zu und Vermittlung von Altersvorsorge, Versicherungen, Finanzierungen, Kapitalanlagen
- Niederlassungsplanung & Praxisvermittlung
- Betriebswirtschaftliche Beratung

Lassen Sie sich beraten!
Nähere Informationen und unseren Repräsentanten vor Ort finden Sie im Internet unter
www.aerzte-finanz.de

Standesgemäße Finanz- und Wirtschaftsberatung

3 Urogenitaltrakt

 Fragen in den letzten 10 Examen: 17

Zum Urogenitaltrakt gehören im Wesentlichen zwei Teile:
- Die Nieren und die ableitenden Harnwege erfüllen wichtige Aufgaben bei der Entgiftung des Körpers und bei der Aufrechterhaltung der Homöostase.
- Die Keimzellen und die Reproduktionsorgane dienen der Fortpflanzung und damit der Erhaltung unserer Art.

3.1 Nieren und ableitende Harnwege

Die Nieren sind paarig angelegt, liegen in einem retroperitonealen Fettlager und sind von einer bindegewebigen Kapsel umgeben. Schneidet man eine Niere der Länge nach auf, so ist ein verzweigter innerer Hohlraum – das **Nierenkelchsystem** – zu erkennen. Von hier aus geht der Ureter in Richtung Blase ab. In die Nierenkelche hinein ragen die **Nierenpapillen**, an deren Spitzen die Sammelrohre münden und den Urin an das Kelchsystem abgeben.
Das angeschnittene Parenchym lässt sich schon makroskopisch in zwei Teile gliedern:
- die **Medulla renalis** (innere Markzone),
- den **Kortex renalis** (äußere Rindenzone).

Betrachtet man einen Nierenausschnitt histologisch, so lässt sich diese Aufteilung in Rinde und Mark aufrechterhalten. Für diese Trennung sind die speziellen Gefäße des Nierenparenchyms verantwortlich. Die vom Nierenpol kommenden Gefäße ziehen bis an die Mark-Rinden-Grenze und machen dann einen scharfen Bogen. Deshalb heißen sie hier auch **Arteriae arcuatae**. Aufgrund ihres hier horizontalen Verlaufs entsteht die sichtbare Grenze. Von ihnen gehen die **Arteriae interlobulares** in Richtung Kapsel ab, zweigen sich kurz auf, um die glomeruläre Kapillarschlinge zu bilden und verlaufen dann als **Arteriae rectae** in Richtung Papille.

Der venöse Abfluss erfolgt über die Venae rectae in die Venae arcuatae zum Nierenhilus in die Vena renalis.
In der **Rinde** befinden sich – neben Gefäßen und gewundenen Gängen – hauptsächlich Glomeruli, die wie viele kleine Nester in den Ästen der **Tubuli contorti** sitzen.
Bei der Betrachtung des **Marks** fallen streifige Strukturen auf, die alle in Richtung Papille ziehen: die **Markstrahlen**.

> **Merke!**
> - Die Arteriae arcuatae verlaufen an der Mark-Rinden-Grenze.
> - Die Durchblutung des Marks durch die Arteriae rectae ist postglomerulär.

Funktionell läßt sich die Aufgabe der Nieren in drei Teilbereiche untergliedern:
- Die Produktion von Primärharn durch Ultrafiltration,
- die Konzentration des Harns in den **Tubuli** und den **Sammelrohren** und
- die Sekretion (von z. B. Renin und Erythropoetin).

3.1.1 Ultrafiltration

Die Ultrafiltration erfolgt in der Rindenzone der Niere. Die entsprechende funktionelle Einheit ist das Glomerulum, von dem es etwa 1,2 Millionen Stück pro Niere gibt (s. Abb. 18, S. 28). Histologisch unterscheidet man die **Kapillarschlingen** mit einem zuführenden Vas afferens und einem ableitenden **Vas efferens** von der **Bowman-Kapsel** mit einem viszeralen und einem parietalen Blatt.

3 Urogenitaltrakt

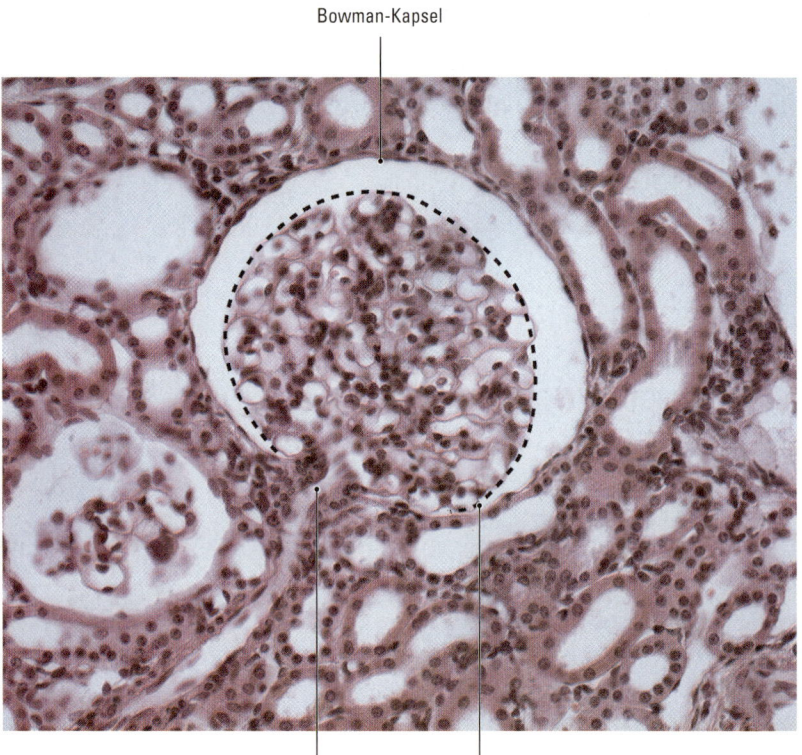

Abb. 18: Glomerulum — Arteriola afferens — Glomerulum — *medi-learn.de/6-histo3-18*

Sowohl die Kapillaren als auch die Zellen der Bowman-Kapsel weisen prüfungsrelevante Besonderheiten auf:

- Das Endothel der Kapillaren ist **gefenstert** und sitzt einer Basalmembran auf. Am Gefäßpol des Glomerulums liegen die Kapillaren direkt neben spezialisierten Zellen der distalen Tubuli, der **Macula densa**. 
- Unterhalb des Endothels liegt die glomeruläre Basalmembran. Sie entsteht aus den verschmolzenen **Basalmembranen** der Kapillaren und Podozyten und filtriert bis zu einer Größe von 70.000 Dalton vor allem negativ geladene Moleküle heraus.
- Die dickeren Zellen, die der Basalmembran auf der anderen Seite aufsitzen, sind **Podozyten**. Sie bilden Fortsätze, die als verzahnte Füßchen die Kapillarschlingen umfassen (interdigitierende Fußfortsätze, s. Abb. 19 a, S. 29 und Abb. 19 b, S. 29). Du kannst dir die Podozyten so ähnlich wie Tintenfische vorstellen, die mit ihren Tentakeln die Gefäße umschlingen. Zwischen den Podozytenfüßchen bildet sich die **Schlitzmembran**. Zwischen diesen Fortsätzen wird das Ultrafiltrat als Primärharn vom Kapillarbett in die **Bowman-Kapsel** gepresst.
- Zwischen den Kapillarschlingen finden sich stabilisierende **Mesangiumzellen**, die sich übrigens kontrahieren können und nebenbei auch noch phagozytieren.

Merke!

- Die Macula densa zählt sowohl zum extraglomerulären Mesangium (neben den Kapillaren liegend) als auch zum juxtaglomerulären Apparat (neben dem Glomerulum gelegen).
- Die Kapillaren sind von fenestriertem Endothel ausgekleidet, was die Filtration ermöglicht.

3.1.2 Das Nephron

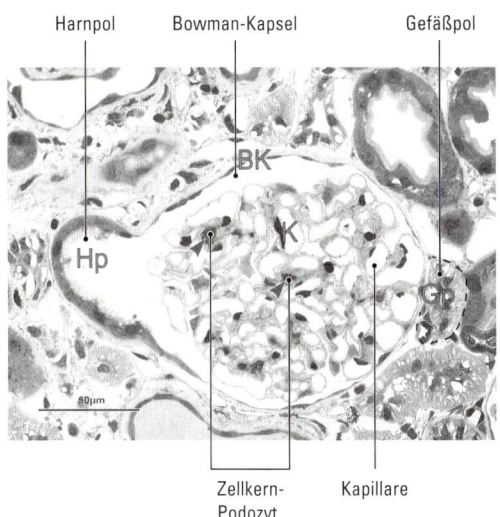

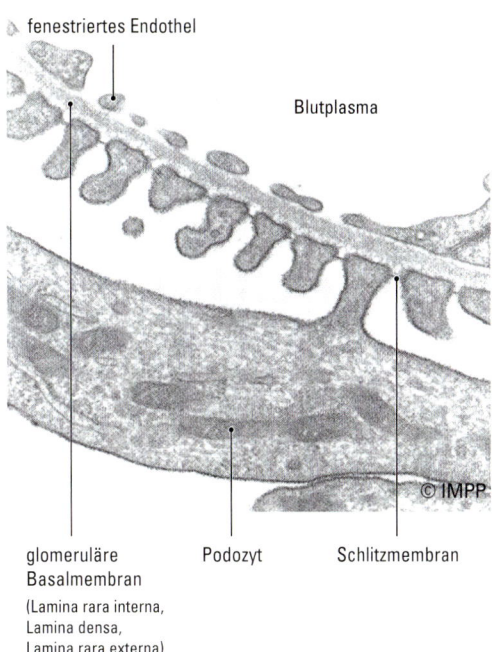

Abb. 19 a: Glomerulum in Toluidinblaufärbung

medi-learn.de/6-histo3-19a

Abb. 19 b: EM-Aufnahme, Ausschnitt aus Glomerulum

medi-learn.de/6-histo3-19b

3.1.2 Das Nephron

An die Kapsel des Herrn Bowman schließt sich das Tubulussystem an. Grob unterscheidet man hier einen **proximalen** von einem **distalen Tubulus**. Außerdem finden sich pro Tubulus noch jeweils eine gewundene **Pars convoluta** (Tubulus contortus) und eine gerade Pars recta. Die gewundenen Anteile liegen vorwiegend im Bereich der Rinde, wodurch das Bild eines Labyrinths entsteht, was zur Bezeichnung **Nierenlabyrinth** geführt hat. Die geraden Anteile bilden zusammen mit den Sammelrohren die Markstrahlen.

> **Merke!**
>
> Die radiäre Streifung des Marks wird von proximalen und distalen Tubuli, den Vasa recta sowie den Sammelrohren erzeugt.

Proximaler Tubulus

Histologisch kann man den proximalen Tubulus an einem schmalen **Bürstensaum** erkennen, der durch kleine **Mikrovilli** zustande kommt, die die Resorptionsoberfläche vergrößern. Wer viel resorbiert, muss aber auch viel abgeben, weshalb die basale Seite dieser Tubuluszellen ebenfalls eine Fältelung – die **Zellinterdigitationen** – aufweist.

Die einzelnen Zellen sind über **Tight Junctions** miteinander verbunden und grenzen das Lumen daher sehr gut gegen das Interstitium des Marks ab. Dies ist eine essenzielle Voraussetzung für die Aufrechterhaltung eines **Konzentrationsgradienten**.

3 Urogenitaltrakt

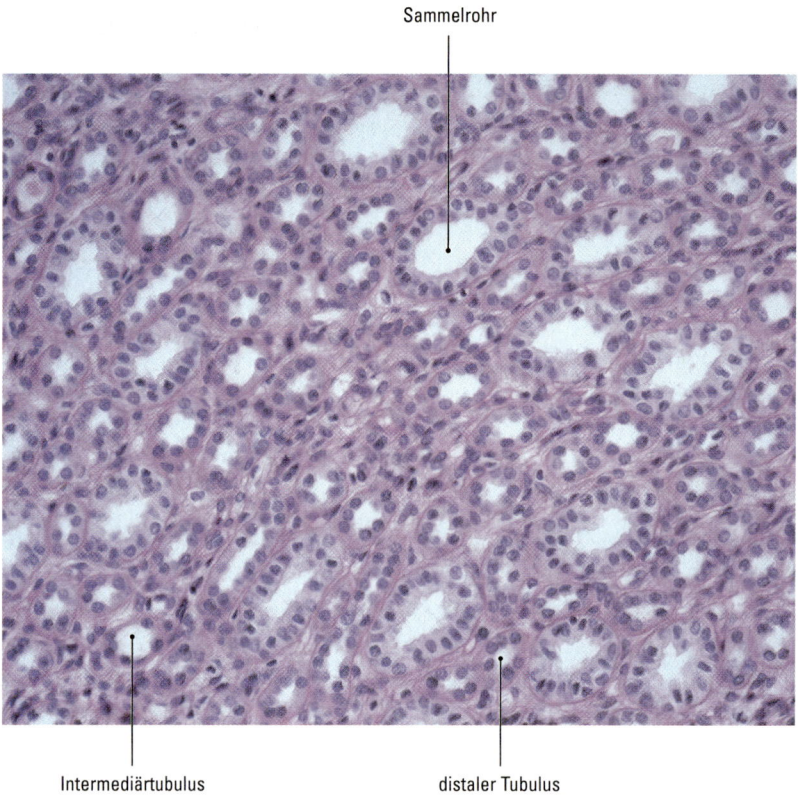

Abb. 20: Querschnitt Nierenmarktubuli

(Labels: Sammelrohr, Intermediärtubulus, distaler Tubulus)

medi-learn.de/6-histo3-20

> **Merke!**
> - Als Zeichen der Aufnahme von Peptiden findet man Vakuolen im apikalen Zytoplasma der Tubuluszellen. Außerdem können sie aktiv **Xenobiotika** aufnehmen.
> - Die Zellen des proximalen Tubulus erkennt man an ihrem feinen Bürstensaum.

Distaler Tubulus

Im Gegensatz zum proximalen haben die Zellen des distalen Tubulus ein eher flaches Epithel mit **linsenförmigen** Kernen und einem kaum ausgeprägten Bürstensaum.
Die Pars recta des distalen Tubulus bildet den aufsteigenden Teil der **Henle-Schleife**. Ihre Zellen besitzen an ihrer apikalen Membran einen **Na$^+$-K$^+$-2Cl$^-$-Cotransporter**, der durch das Diuretikum Furosemid gehemmt werden kann. Das lohnt sich zu merken, denn dieses Wissen sichert dir nicht nur einen Punkt im Physikum, sondern auch in späteren Prüfungen.
Am Übergang der Pars recta zur Pars convoluta befindet sich die Macula densa. Hier werden nochmals Ionenkonzentrationen gemessen, was eine Rückwirkung auf die glomeruläre Filtration hat. Die distale Pars convoluta mündet schließlich in ein Sammelrohr ein.

Die Gesamtheit aus Glomerulum, proximalem und distalem Tubulus bezeichnet man als ein **Nephron**.

3.1.3 Ableitende Harnwege

> **Merke!**
>
> Die Zellen des distalen Tubulus tragen einen furosemidsensitiven Na^+-K^+-$2Cl^-$-Cotransporter an ihrer apikalen Oberfläche und bilden die Macula densa.

Sammelrohr

Die Sammelrohre erstrecken sich vom Bereich der Rinde bis zur Papille, wobei ihr Durchmesser stetig zunimmt. Ihr Epithel wird von zweierlei Zellen gebildet, den **Schaltzellen** und den wesentlich zahlreicheren **Hauptzellen**.
Die Schaltzellen sind zum aktiven Protonentransport fähig und können so nachträglich den pH-Wert des Harns beeinflussen.
Die Hauptzellen sind ADH-sensitiv und bauen unter seiner Wirkung Aquaporine in ihre apikale Zellwand ein, wodurch die Wasserresorption gesteigert werden kann.

3.1.3 Ableitende Harnwege

Die Sammelrohre münden an den Papillenspitzen in das Kelchsystem der Niere. Das Epithel aus Haupt- und Schaltzellen geht hier in das **Übergangsepithel (Urothel)** über, das die gesamten ableitenden Harnwege auskleidet (s. Skript Histologie 1).

Harnleiter

Der Harnleiter weist – neben dem Übergangsepithel (s. IMPP-Bild 11, S. 64 im Anhang) – eine **zweischichtige** Tunica muscularis auf, die den Harn in peristaltischen Wellen zur Blase transportiert.

Harnblase

Neben dem Übergangsepithel findet sich in der Blase eine **dreischichtige** Tunica muscularis: der Musculus detrusor vesicae.

> **Merke!**
>
> Kennzeichen der ableitenden Harnwege ist das Übergangsepi- oder Urothel.

DAS BRINGT PUNKTE

Für die schriftliche Prüfung ist hinsichtlich der **Niere** wieder mal nur das Detailwissen interessant. Bilder werden seltener vorgelegt. Hier daher nochmal eine kurze Aufzählung der wirklich, wirklich, wirklich wichtigen Dinge:

Für die **Gefäße des Glomerulums** gilt, dass
- es gefensterte Kapillaren sind und
- ihr abführendes Gefäß (Vas efferens) in die Markarterien übergeht.

Zu den **proximalen Tubuluszellen** solltest du wissen, dass sie
- einen Bürstensaum haben,
- über basale Zellinterdigitationen verfügen,
- zum aktiven Transport von Xenobiotika fähig sind und
- über Tight Junctions miteinander verbunden sind.

Im Gegensatz dazu gilt für die **distalen Tubuluszellen**, dass sie
- keinen Bürstensaum haben,
- über einen Na^+-K^+-$2Cl^-$-Cotransporter verfügen und
- die Macula densa bilden.

Die **Sammelrohrzellen** solltest du unterscheiden in
- ADH-sensitive Hauptzellen und
- Schaltzellen, die aktiv H^+-Ionen transportieren können.

FÜRS MÜNDLICHE

Hier überzeugst du wieder durch strukturiertes Vorgehen vom Großen ins Kleine und vom Wichtigen zum Unwichtigen. Hier kommen die Fragen aus unserer Prüfungsprotokolldatenbank.

1. **Nennen Sie mir bitte die Funktionen der Niere.**

2. **Beschreiben Sie mir bitte den Aufbau der Niere.**

3. **Was ist ein Glomerulum und erläutern Sie, wie es aufgebaut ist.**

4. **Sagen Sie, was ist ein Nephron?**

5. **Welches Epithel finden Sie in den Kelchen?**

---

1. Nennen Sie mir bitte die Funktionen der Niere.
- Filtration des Blutes zu Primärharn,
- Sicherung der Homöostase,
- Entgiftung,
- Blutdruckregulation (mehr dazu s. Skript Physiologie 1).

2. Beschreiben Sie mir bitte den Aufbau der Niere.
- Innen befindet sich das Kelchsystem, in das die Papillen hineinragen.
- Im Parenchym kann man das Mark von der Rinde abgrenzen.
- In der Rinde finden wir Vasa arcuata und die Glomerula, in denen der Primärharn produziert wird.

FÜRS MÜNDLICHE

– Die Längsstrahlen des Marks werden von Vasa recta, den geraden Tubulusabschnitten und den Sammelrohren gebildet.

3. Was ist ein Glomerulum und erläutern Sie, wie es aufgebaut ist.
Das Glomerulum ist der eigentliche Filter der Niere. Es besteht aus einem Vas afferens, das sich in etwa 5–7 Kapillarschlingen aufspaltet und dann in das Vas efferens übergeht. Diese Schlingen werden von spezialisierten Zellen – den Podozyten – gegen den Hohlraum der Bowman-Kapsel abgegrenzt. In diesen Hohlraum hinein wird Flüssigkeit aus dem Gefäßsystem abgepresst.

Die Podozyten stellen den viszeralen Anteil der Bowman-Kapsel, während die parietalen Zellen dieser Kapsel flach sind und schließlich in den proximalen Tubulus übergehen.

4. Sagen Sie, was ist ein Nephron?
Die Gesamtheit aus
– Glomerulum,
– proximalem und
– distalem Tubulus
und damit die kleinste funktionelle Einheit der Niere.

5. Welches Epithel finden Sie in den Kelchen?
Urothel, auch Übergangsepithel genannt.

Pause

Soviel zum Thema Genitalien ... kurze Pause.

Mehr Cartoons unter www.medi-learn.de/cartoons

3 Urogenitaltrakt

3.2 Keimdrüsen

In den Keimdrüsen **Hoden** und **Ovar** reifen die Zellen heran, die die Voraussetzung für unsere geschlechtliche Vermehrung sind. Eine wichtige Grundlage dieser Fortpflanzungsform ist die Reduktion auf einen **haploiden Chromosomensatz**. Da haploide Zellen sich nicht komplett selbstständig versorgen können, brauchen sie Hilfe bei ihrer Reifung und während ihrer Wartezeit auf den großen Moment. Diese Hilfe wird ihnen von spezialisierten Zellen (Sertoli- oder Stützzellen, s. S. 35) gewährt, die auch in den Keimdrüsen zu finden sind.

> **Übrigens ...**
> Viele Keimzelltumore gehen von dieser zweiten helfenden Zellpopulation aus, die auch gerne mal im Physikum auftaucht.

Bei der Keimzellreifung handelt es sich um ein gut erforschtes Gebiet mit ausreichender Tragweite, weshalb es dir sowohl in der schriftlichen als auch in der mündlichen Prüfung begegnen kann. Untrennbar damit verbunden sind die Geschlechtsorgane, die die Voraussetzung zur Kopulation und damit zur Befruchtung sind.

Exkurs: Die Embryologie ist eine Lehre von Wanderschaften:
- Die Keimdrüsen entstehen aus den **Urkeimzellen**, die aus dem **Dottersackgewebe** amöboid in die Nähe der Nierenanlage gewandert sind. Von hier aus wandert die Gonadenanlage, die sich je nach Geschlecht des Embryos weiter differenziert zu Ovar oder Hoden, zum oder durch das kleine Becken.
- Die männlichen Geschlechtsorgane sind aus den embryonalen Grundlagen der ableitenden Harnwege hervorgegangen und haben diese enge räumliche Beziehung behalten.

3.2.1 Männliche Geschlechtsorgane

Anatomisch lassen sich **Hoden** und **Nebenhoden** unterscheiden, von denen der Ductus deferens die Spermien – an der Samenblase und Prostata vorbei – bis zum **Colliculus seminalis** in der Harnröhre transportiert. Das hier ausgestoßene Ejakulat setzt sich aus den Spermien (aus dem Nebenhoden) und der Ejakulatflüssigkeit (aus der Vesicula seminalis und der Prostata) zusammen.

Hoden

Die **Spermien** entstehen im Hoden und erhalten dort ihre endgültige Form. Die Binnenstruktur des Hodens besteht aus einzelnen Kanälchen, den **Ductuli seminiferi**, die auf einen gemeinsamen Ausgang zulaufen, von wo es in den Nebenhoden weitergeht. Zusammen bilden die Kanälchen ein Netz, das **Rete testis**.

Diese Organisation in viele kleine Gänge ermöglicht zum einen eine Entwicklung in mehreren Schritten entlang des Ganges (ähnlich eines Fließbands). Zum anderen ist so die parallele Reifung vieler Spermien gewährleistet, was dem Bedarf an einer großen Zahl gerecht wird. Ganz nach dem Motto: viel hilft viel.
An einem gut geführten – oder glücklich getroffenen – Querschnitt durch den Ductus seminiferus lassen sich alle Phasen der Spermatogenese erkennen und (hoffentlich auch) benennen (s. IMPP-Bild 12, S. 65 im Anhang).

Spermatogenese Phase I: Im Hodenkanälchen ganz außen liegen die **Spermatogonien** einer Basalmembran an, die von myoepithelialen Zellen umgeben ist. Diese Zellen sind der Pool, aus dem alle Spermien kommen. Dabei handelt es sich um eine differenzierte Zellteilung, wobei eine Tochterzelle (A-Spermatogonie) an Ort und Stelle bleibt, während die an-

3.2.1 Männliche Geschlechtsorgane

dere (B-Spermatogonie) abwandert und sich weiterentwickeln darf.

Die verbleibende Spermatogonie liegt eingebettet zwischen großen, pyramidenförmigen Zellen, den **Sertolizellen** oder **Stützzellen**.

> **Merke!**
>
> In einem Hodenkanälchen finden sich Sertolizellen und alle Stadien der Spermatogenese.

Sertolizellen: Die Sertolizellen sitzen der Basalmembran auf. Durch eine Schicht enger Zellkontakte grenzen diese Zellen ein **basales** gegen ein apikales Kompartiment der Hodenkanälchen ab. Diese Grenze ist impermeabel für gelöste Substanzen und heißt deshalb Blut-Hoden-Schranke (s. Abb. 21, S. 35 und Abb. 23, S. 37). Der auf Phase I folgende Reifungsprozess spielt sich innerhalb dieser Schranke ab. Um reifen zu können, sind die angehenden Spermien auf die Hilfe der Stützzellen angewiesen. Diese wiederum benötigen für ihre Arbeit große Mengen an **Androgenen**, weshalb sie ein **ABP (Androgen-bindendes Protein)** entwickelt haben, um diese Stoffe in ihrem Zytoplasma anzureichern. Des Weiteren besitzen sie Rezeptoren für **FSH (Follikel stimulierendes Hormon)**, produzieren Inhibin und das Anti-Müller-Hormon. **Inhibin** sorgt für eine Hemmung der neurohypophysären Stimulation (s. Abb. 22, S. 36). Das Anti-Müller-Hormon führt zur Rückbildung der Müller-Gänge während der Embryonalentwicklung.

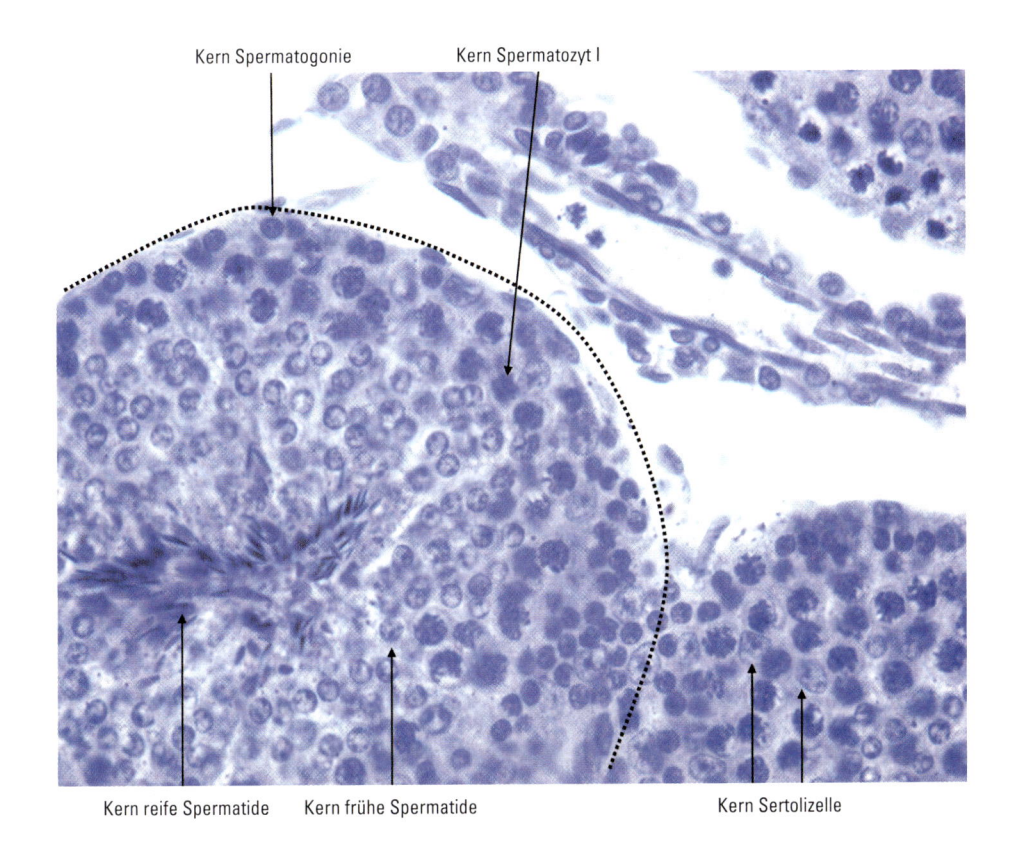

Abb. 21: Hodenkanälchen

medi-learn.de/6-histo3-21

3 Urogenitaltrakt

> **Merke!**
> - Im basalen Teil liegen die Spermatogonien außerhalb der Blut-Hoden-Schranke.
> - Sertolizellen produzieren androgenbindendes Protein, FSH-Rezeptoren, das Anti-Müller-Hormon und Inhibin.

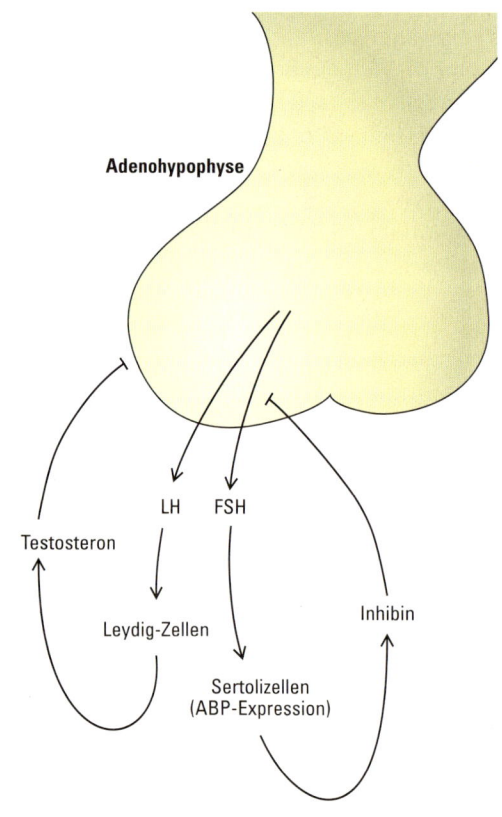

Abb. 22: Regelkreis LH/FSH *medi-learn.de/6-histo3-22*

Spermatogenese Phase II: Die aus den Spermatogonien hervorgegangenen Zellen vermehren sich zuerst per **Mitose**, um die nötige Anzahl zu erreichen, und werden dann zu Spermien. Als Vorbereitung auf die erste Reifeteilung verdoppeln die B-Spermatogonien ihre DNA und werden anschließend durch die Blut-Hoden-Schranke geschleust. Im apikalen Kompartiment angekommen, heißen sie **Spermatozyten I** (Spermatozyten erster Ordnung) und durchlaufen die erste Reifeteilung – die **1. Meiose, eine Reduktionsteilung**. Diese Zellen sind in histologischen Schnitten gut und häufig zu finden (s. Abb. 21, S. 35).

Nach dieser 1. Meiose heißen sie **Spermatozyten II** (Spermatozyten zweiter Ordnung) und haben einen **haploiden** Chromosomensatz. Spermatozyten zweiter Ordnung sind fast nie auf Schnitten (leider auch nicht auf unseren Abbildungen) zu sehen, da sie sich per **2. Meiose – einer Äquationsteilung** – schnell weiter zu **Spermatiden** teilen. Zur Umwandlung in die endgültige Spermienform (Spermatozoon) geben die Spermatiden überschüssiges Zytoplasma ab, das von den Sertolizellen phagozytiert wird (s. Skript Anatomie 1).

Im Laufe dieser Reifung erreichen die Spermatozyten das Lumen des Hodenkanälchens. Dabei halten sie jedoch den Kontakt zu den Sertolizellen aufrecht, da sie ohne diese nicht lange überleben könnten. Von hier aus gelangen sie schließlich in den Nebenhoden.

Der Reifungsprozess im Hoden dauert etwa 80 Tage. Hinzu kommen nochmal 5–7 Tage im Nebenhoden. Wurden die Spermien bis dahin nicht gebraucht, werden sie von den Zellen des Nebenhodens phagozytiert und abgebaut.

> **Merke!**
> - Vor 1. Meiose: Spermatozyten I (diploid), häufig zu sehen,
> - nach 1. Meiose: Spermatozyten II (haploid), selten zu sehen,
> - nach 2. Meiose: Spermatiden.
> - Sertolizellen sind zur Phagozytose fähig.

Leydig-Zellen: Eine weitere wichtige Zellart des Hodens sind die Leydig-Zellen. Sie liegen im Bindegewebe zwischen den Hodenkanälchen. Ihre Hauptaufgabe besteht in der Produktion von **Testosteron**, worauf auch ihre zelluläre Ausstattung abgestimmt ist:
Leydig-Zellen verfügen über glattes endoplasmatisches Retikulum, Mitochondrien vom Tubulus-Typ und Rezeptoren für LH (luteinisierendes Hormon).

3.2.1 Männliche Geschlechtsorgane

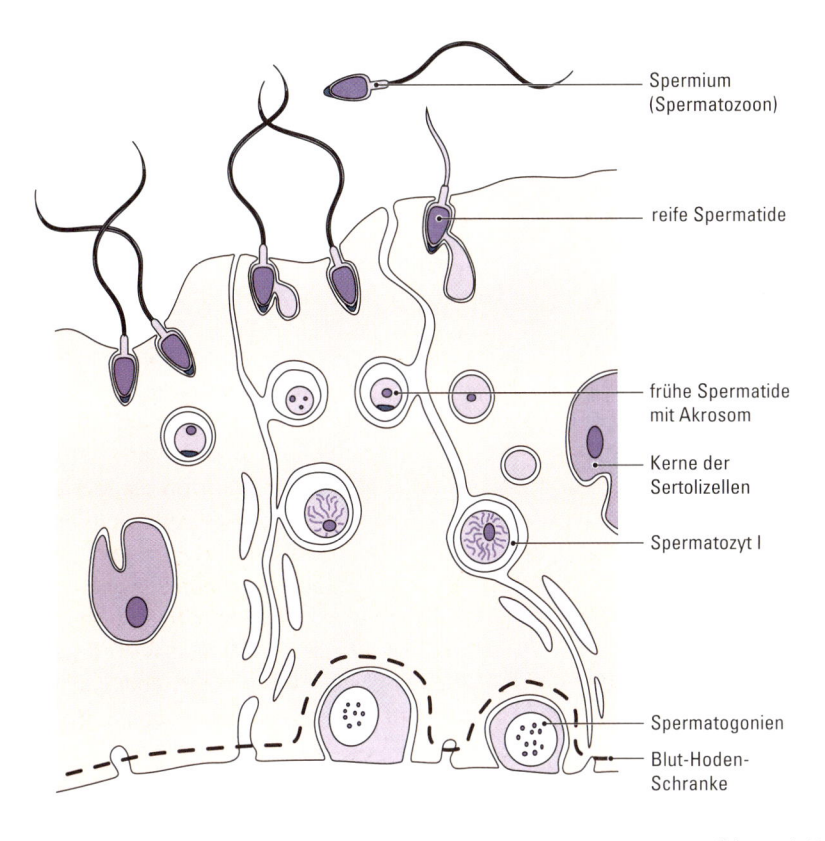

Abb. 23: Spermatogenese

Labels: Spermium (Spermatozoon); reife Spermatide; frühe Spermatide mit Akrosom; Kerne der Sertolizellen; Spermatozyt I; Spermatogonien; Blut-Hoden-Schranke

medi-learn.de/6-histo3-23

> **Merke!**
>
> - Steroide produzierende Zellen verfügen stets über Mitochondrien vom tubulären Typ und über glattes ER.
> - Die Produktion von Testosteron und die Reifung der Spermien unterliegen der hormonellen Kontrolle durch die Adenohypophyse.
> - Über die Ductuli efferentes gelangen die Spermien mittels Kinozilien vom Hoden in den Nebenhoden (Ductus epididymidis).
> - Spermatozoen werden erst durch Beimischung der Sekrete der akzessorischen Geschlechtsdrüsen aktiviert.

Der typische Aufbau eines reifen Spermiums (Spermatozoon) wird gerne gefragt (s. Abb. 24, S. 38).

Nebenhoden

Der Nebenhoden schließt sich unmittelbar dem Hoden an, dem er von hinten oben aufliegt.

Die aus dem **Rete testis** kommenden Gänge münden alle seitlich in einen langen Gang, der mehrfach aufgewunden ist und als **Ductus epididymidis** bezeichnet wird. Auf histologischen Abbildungen des Nebenhodengangs erscheinen daher immer viele angeschnittene Gänge (s. Abb. 25, S. 39). Diese sind von einem **hochprismatischen** Epithel ausgekleidet, das Stereozilien trägt. In den Lumina befinden sich Samenzellen. Die Spermien lagern sich den **Stereozilien** an wie Boote an einen Bootssteg und werden in einer Art **Säurestarre** gehalten. Sie durchwandern in ca. 14 Tagen den Nebenhoden, der sie auf dieser Wanderung durch Muskelzellen in seiner Wand unterstützt (die Gesamtlänge der Gänge beträgt immerhin 6 m).

3 Urogenitaltrakt

Kopf
Akrosom (= spez. Lysosom)
kondensiertes Chromatin

Hals
Zentriole (9·3+0)
Axonema-Ursprung

Mittelstück
Mitochondrien
mittig: Axonema (= Mikrotubuli, 9·2+2)

Schwanz
Axonema
Plasmalemm

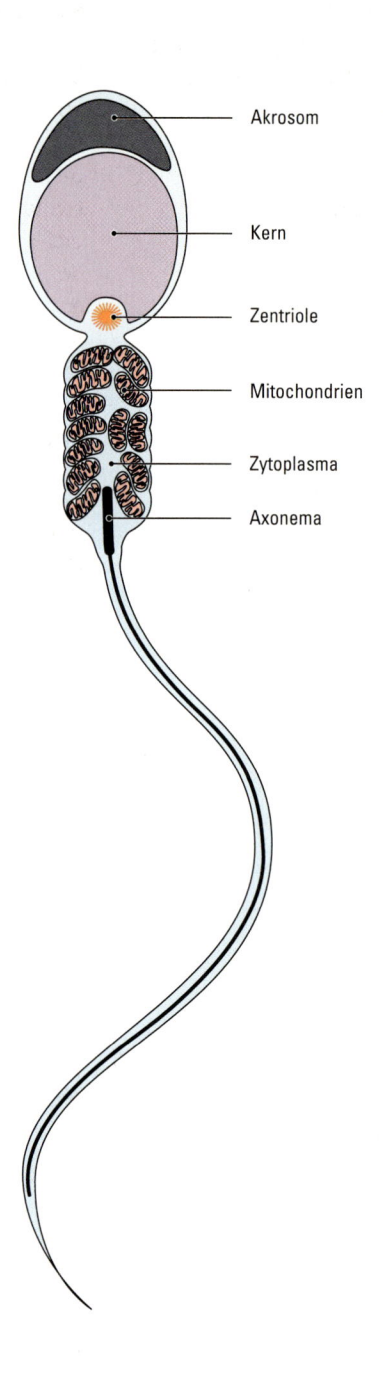

- Akrosom
- Kern
- Zentriole
- Mitochondrien
- Zytoplasma
- Axonema

Abb. 24: Typischer Aufbau eines reifen Spermiums (Spermatozoon)

medi-learn.de/6-histo3-24

3.2.1 Männliche Geschlechtsorgane

Ihre **Motilität** erhalten die Spermien u. a. erst durch die Aufnahme von Glykoproteinen, die vom Nebenhodenepithel sezerniert werden. Die ausgereiften Spermien verbleiben nur wenige Tage am Ende des Nebenhodens: Gelangen sie nicht rechtzeitig in den **Ductus deferens**, werden sie von Gewebsmakrophagen an Ort und Stelle abgebaut.

Der Ductus epididymidis geht in den Ductus deferens und schließlich in die Ampulla ductus deferentis über.

> **Merke!**
>
> Die Zellen des Nebenhodengangs tragen Stereozilien. Stereozilien kommen ausschließlich im Ductus epididymidis und im Innenohr vor.

Samenleiter (Ductus deferens)

Der Ductus deferens verläuft mit den zu- und abführenden Gefäßen des Hodens im **Samenstrang** durch den Leistenkanal nach innen. Seine Aufgabe ist es, die Spermien möglichst schnell auszustoßen. Dafür braucht er eine dicke Muskelschicht (Tunica muscularis), an der man den Ductus deferens im Schnittbild auch erkennen kann. Die Tunica muscularis ist **dreischichtig**, wobei die innere und die äußere Schicht längs verlaufen, die mittlere zirkulär. Das Lumen des Samenleiters ist von einer **zweireihigen**, **stereozilientragenden** Schleimhaut ausgekleidet. Er unterscheidet sich daher deutlich vom Ureter, der (abgesehen von der Pars pelvina) nur eine zweischichtige Muscularis hat.

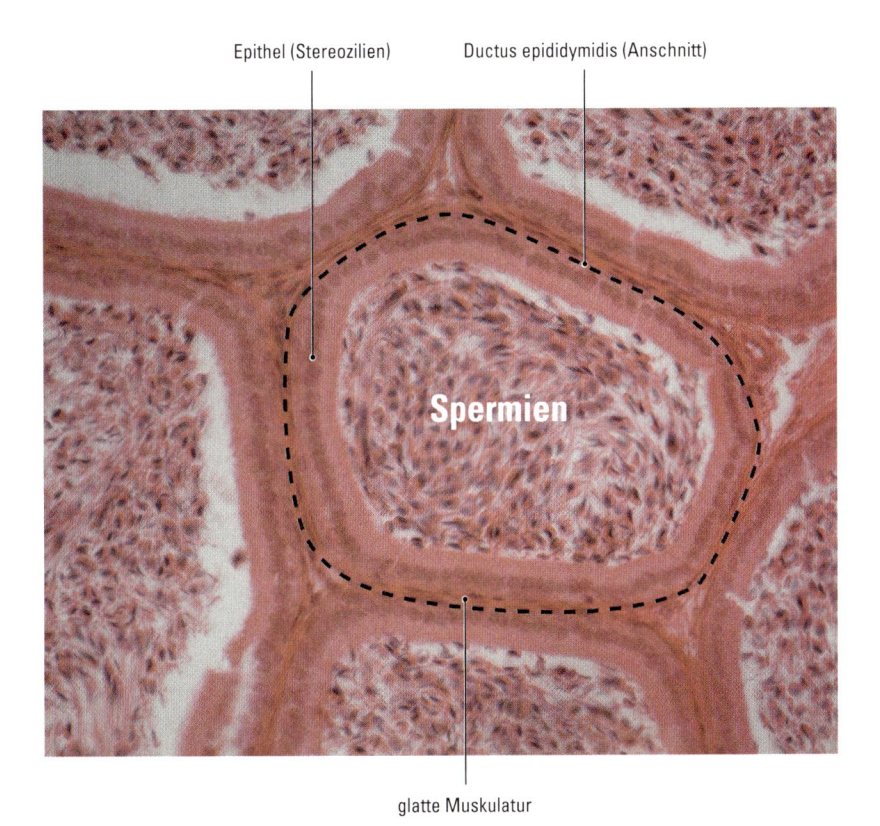

Abb. 25: Nebenhoden

medi-learn.de/6-histo3-25

3 Urogenitaltrakt

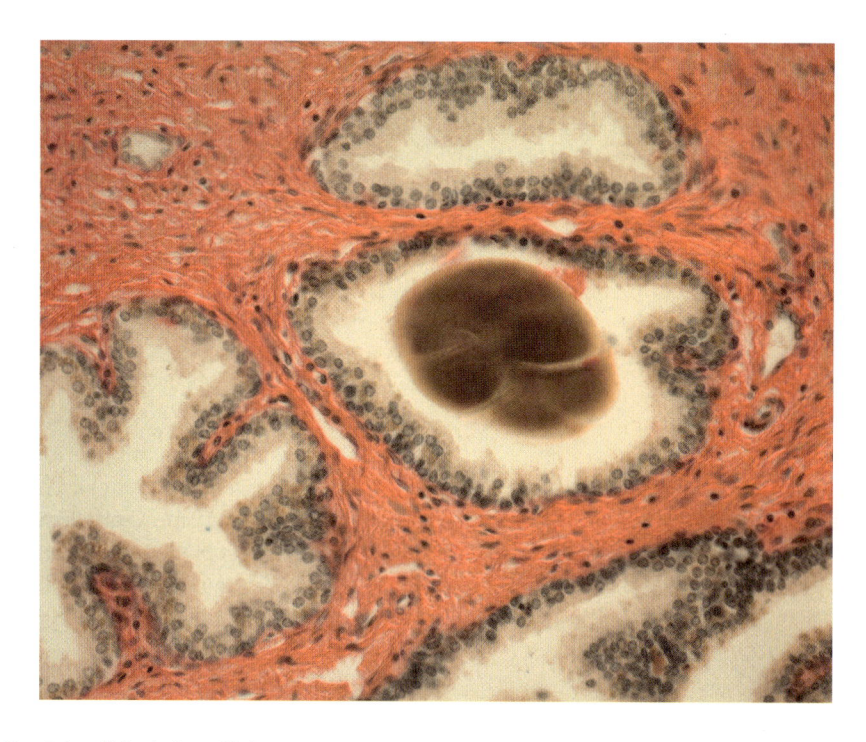

Abb. 26: Prostata mit typischem Stein

Bei einer dreischichtigen Muskelschicht kommt die Verlaufsrichtung, die der Transportrichtung entspricht, zwei Mal vor. Da sowohl im Ductus deferens als auch z. B. im Verdauungstrakt der jeweilige Inhalt nach draußen transportiert werden soll, verlaufen hier die Muskelschichten in **Längs**-Ring-**Längs**-Richtung.

> **Übrigens ...**
> Der Ductus deferens hat eine Länge von 30–40 cm und beim Lebenden die Konsistenz von al dente gekochten Spaghetti (intraoperativer Tastbefund).

Bläschendrüse (Vesicula seminalis)

Diese Drüse liefert einen Teil der Spermaflüssigkeit. Sie liegt der Harnblase von hinten unten an und ist von einer derben Kapsel umhüllt. Das Bindegewebe der Kapsel ist auf Bildern meist angeschnitten und gut zu erkennen. Zum Lumen hin sieht man ein sehr eindeutiges Relief aus feinen Falten, die von einem einschichtigen Epithel überzogen sind.

Die hier produzierte Fructose kann als Funktions- und Fertilitätsparameter herangezogen werden. Das Sekret der Bläschendrüse ist alkalisch, was die Motilität der Spermien erhöht, und macht mengenmäßig mehr als die Hälfte des Ejakulats aus.

> **Übrigens ...**
> Ein saures Milieu, wie es physiologisch im Ductus epididymidis und in der Vagina vorliegt, hält die Spermien in einer Säurestarre.

Prostata

Die letzte große Drüse der Samenwege ist die Prostata. Sie liegt unterhalb der Harnblase, hat in etwa die Größe einer Kastanie und lässt sich in drei Lappen unterteilen. Einer davon liegt hinten, die beiden anderen schräg vorne. Histologisch findet man ein mäßig gefaltetes Inneres der Drüse (s. Abb. 26, S. 40). Diese einzelnen Läppchen sind mit **isoprismatischem einschichtigem** Epithel überzogen. Das

Drüsengewebe der Prostata ist reichlich von glatter Muskulatur umgeben. Das Sekret der Prostata ist mit seinem pH-Wert von 6,4 leicht sauer. Es enthält **Spermin**, ein biogenes Amin zur Zellproliferation, das motilitätsfördernd auf die Spermien wirkt. Des Weiteren sezernieren die Epithelzellen der Prostata das prostataspezifische Antigen **PSA**. Dabei handelt es sich um eine Serinprotease, die das Ejakulat durch Spaltung bestimmter Eiweiße dünnflüssiger macht. PSA ist ein wichtiger laborchemischer Marker für Erkrankungen der Prostata, insbesondere des Prostatakarzinoms.

Das Prostatasekret macht maximal ein Drittel des Ejakulats aus.

> **Übrigens ...**
> Manchmal bekommt man in der Prüfung einen Schnitt der Prostata mit einem kleinen, scharf begrenzten Gegenstand in der Mitte vorgelegt. Dabei handelt es sich um ein Prostatasteinchen, das im Alter durch Verkalkung aus Prostatasekret entstehen kann.

3.2.2 Weibliche Geschlechtsorgane

Zu den weiblichen Geschlechtsorganen gehören
– die Vulva,
– die Vagina,
– der Uterus,
– die beiden Tuben und
– die beiden Ovarien.

Ihre Aufgabe besteht darin, den Samen aufzunehmen und einen Lebensraum zur Verfügung zu stellen, in dem eine Zygote zu einem lebensfähigen Wesen heranreifen kann. Im Gegensatz zum Mann – der ja allzeit bereit sein muss – verändern sich die weiblichen Organe in Zyklen von etwa 28 Tagen Dauer. Dieser Rhythmus wird von Hormonen aus der Hypophyse reguliert und durch lokale Faktoren aufrechterhalten.

> **Merke!**
> Im Examen solltest du bei den weiblichen Geschlechtsorganen unbedingt das histologische Bild dem jeweiligen Funktionszustand und Zyklusabschnitt zuordnen können.

Nehmen wir also die einzelnen Organe unter das Mikroskop ...

Ovar

In den beiden Ovarien befinden sich die Keimzellen der Frau. Als **Primordialfollikel** sitzen sie in der Nähe der Kapsel in kleinen Nestern. Ein solcher Follikel besteht aus einer Eizelle und einer dünnen Hülle von **Follikelepithelzellen**.

> **Übrigens ...**
> Während der Embryonalperiode wanderten diese Zellen als Urkeimzellen aus dem Dottersackgewebe ein und begannen dann, sich zu vermehren. Zum Zeitpunkt der Geburt ist dieser Vermehrungsprozess abgeschlossen, weshalb die Anzahl an Eizellen im Laufe des Lebens einer Frau immer weiter abnimmt. Die meisten von ihnen gehen einfach so zugrunde. Durch die Ovulation (Eisprung) verliert das Ovar im Lauf des Lebens nur etwa 450–500 Eizellen.

Da auch bei den weiblichen Keimzellen eine Reduktion der Chromosomen und damit ein Verlust an Syntheseleistung stattfindet, brauchen auch sie unterstützende Zellen. Diese Aufgabe wird von den **Follikelepithelzellen** wahrgenommen, die die Eizelle ernähren und ihre Stoffwechselprodukte abtransportieren. Die Zellnester mit den Primordialfollikeln liegen dabei eingebettet in **spinozelluläres Bindegewebe** vor.

Irgendwann beginnen die **Primordialfollikel** zu wachsen und zu Primärfollikeln heranzureifen. Die Eizelle selbst wird dabei größer und die sie

3 Urogenitaltrakt

umgebenden Zellen bilden ein kubisches Epithel (s. Abb. 27, S. 42).

Man hat bisher noch nicht herausgefunden, durch welchen Stimulus sich die Primordialfollikel dazu entschließen, sich zu Primärfollikeln zu entwickeln. Dieser Vorgang läuft unabhängig vom Zyklus der Frau ab. Ob es vielleicht was mit den Männern zu tun hat, die diese Frau kennenlernt?

Primordialfollikel
- Oozyt
- Nukleus / Nukleolus
- Follikelepithelzellen

Primärfollikel
- Zona pellucida

Tertiärfollikel
- Theca externa
- Theca interna
- Granulosazellen
- Zona pellucida
- Glashaut

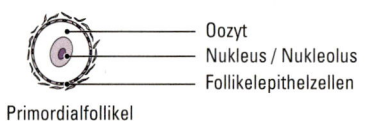

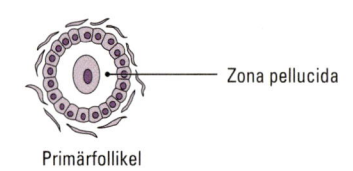

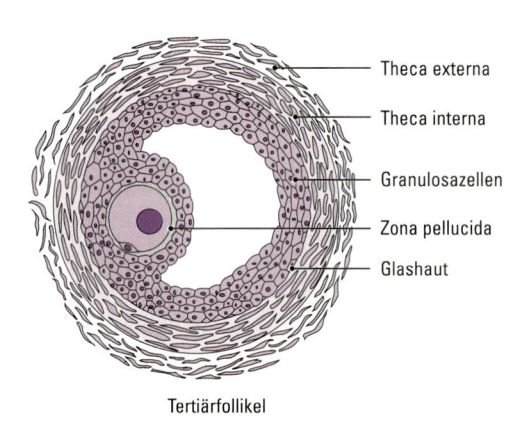

Abb. 27: Eizellreifung   *medi-learn.de/6-histo3-27*

Im Primärfollikel beginnt dann die Reifung der Eizelle: Sie wächst, fährt aber mit der ersten Reifeteilung (Meiose I) erst kurz vor der Ovulation fort. In dieser **Meiose I – einer Reduktionsteilung** – hat die Eizelle seit der 8. Entwicklungswoche des weiblichen Embryos verharrt. Eine Abbildung dazu findet ihr im Skript Anatomie 1. Ebenfalls kurz vor der Ovulation beginnt sie mit der zweiten Reifeteilung, der **Meiose II, einer Äquationsteilung**.

Da die Synthesefähigkeit der Eizelle zu diesem Zeitpunkt nahezu bei null liegt, kann sie diesen Schritt nicht beenden. Es bedarf dazu eines vollständigen Chromosomensatzes. Die zweite Reifeteilung vollendet sich daher erst mit dem Eindringen des Spermiums bei der **Imprägnation** (Befruchtung).

> **Merke!**
>
> – Die erste Reifeteilung wird kurz vor der Ovulation vollendet.
> – Die zweite Reifeteilung vollendet sich erst bei der Imprägnation.

Übrigens …
Manche Primärfollikel verharren – zum Teil über Jahrzehnte hinweg – mitten in der Meiose I. Da die Chromosomen in diesem Stadium einander anliegen, kann es beim Fortführen der Zellteilung zu einer ungleichen Aufteilung kommen. Man vermutet darin den Grund dafür, dass mit fortgeschrittenem Lebensalter der Mutter die Anzahl an chromosomalen Anomalien (z. B. Trisomie 21) zunehmen.

Mit zunehmendem Wachstum der Eizelle werden auch ihre Ansprüche größer, weshalb die Follikelepithelzellen sich vermehren müssen und eine **mehrschichtige Hülle** bilden. Damit spricht man dann von einem **Sekundärfollikel**. Zwischen diesen mehrschichtigen Zellen entstehen jetzt flüssigkeitsgefüllte Hohlräume, die konfluieren und schließlich eine Höhle bilden. In diese Höhle ragt ein Hügel – der **Cumulus oophorus** – hinein, in dem eingebettet die Eizelle liegt. Die Zellen, die jetzt noch die Eizelle umgeben, heißen **Corona radiata** und werden nicht von ihrer Seite weichen bis zu ihrer Imprägnation oder ihrem Absterben (s. Abb. 27, S. 42). Diese ganze Konstruktion heißt **Tertiärfollikel**. Kurz vor der Ovulation heißt der Tertiärfollikel auch Graaf-Follikel, und Eizelle sowie Zona pellucida sind gut nebeneinander zu erkennen.

3.2.2 Weibliche Geschlechtsorgane

Innerhalb des Tertiärfollikels haben sich die Follikelepithelzellen stark vermehrt und sitzen nun einer eigenen **Basalmembran** auf. Sie bilden jetzt das **Granulosaepithel**, das unter dem Einfluss von **FSH** (follikelstimulierendem Hormon) Östrogene und auch Androgene produziert.

Außerhalb dieser Basalmembran haben sich die **Stromazellen** des Ovars neu differenziert: Aus ihnen sind die **Thekazellen** hervorgegangen. Diese bilden eine innere und eine äußere Schicht: die Theca interna und externa.

> **Merke!**
>
> FSH regt die Granulosazellen zur Östrogenbildung an.

Corpus luteum

Nach dem Eisprung bilden diese beiden Zellpopulationen zunächst für 1–2 Tage das **Corpus rubrum** (haemorrhagicum wegen gesteigerter (Durch-)Blutung), das dann in das **Corpus luteum** (Gelbkörper) übergeht. Unter dem Einfluss von **LH** (luteinisierendem Hormon) produzieren jetzt die Granulosazellen **Progesteron** und die Thekazellen Östrogene. Man unterscheidet das **Corpus luteum** menstruationis (den Normalfall) vom **Corpus luteum graviditatis** (bei einer Schwangerschaft, also dem anderen Normalfall).

> **Merke!**
>
> - Die Aktivität des Corpus luteum **menstruationis** wird durch das Hormon **LH** aufrechterhalten.
> - Die Aktivität des Corpus luteum **graviditatis** wird durch das Hormon **HCG (humanes Choriongonadotropin)** aufrechterhalten, das vom Synzytiotrophoblasten der Plazenta kommt.
> - Ein NICHT gesprungener Follikel verkümmert, wenn der Zyklus weiter fortschreitet, und ist als **atretischer Rest** im histologischen Schnitt nachweisbar (s. IMPP-Bild 13, S. 65 im Anhang).
> - Den atretischen Rest bezeichnet man auch als **Corpus albicans**.

Östrogen und Progesteron sind Hormone mit einem Steroidgerüst, das aus Cholesterin gebildet wird. Dieses Cholesterin stammt ursprünglich aus der Leber. Für die Herstellung der Steroide brauchen die Zellen IMMER **glattes ER und Mitochondrien vom Tubulus-Typ**. Daher ist es sinnvoll, Hormone beim Lernen nach **Steroiden** und **Peptiden** zu sortieren. Du kannst dir so besser merken, wie die herstellenden Zellen ausgestattet sind.

Tuba ovarii

Der Tertiärfollikel springt etwa am 14. Zyklustag auf (s. Abb. 29, S. 45) und gibt die Eizelle mitsamt der Corona radiata frei. Damit fiele sie eigentlich in die Peritonealhöhle. Doch bevor das passiert, wird sie von der Tuba ovarii wie von einem Trichter aufgenommen und sicher zum Uterus geleitet.

> **Übrigens ...**
>
> Geht dieses Auffangmanöver schief, landet die Eizelle tatsächlich im kleinen Becken. Findet dann auch noch ein dreistes Spermium seinen Weg dorthin und befruchtet die Eizelle, kommt es zu einer Bauchhöhlenschwangerschaft. Das ist ein sehr gefürchtetes Ereignis, da die Plazenta nicht zwischen der Uterusschleimhaut und der Vena iliaca unterscheidet, sondern einfach alles auflöst! Das Ergebnis können massive lebensgefährliche Blutungen sein.

Die Eileiter tragen an ihrem offenen Ende den Fimbrientrichter. Hier – wie auch in der ganzen Tube – finden sich in der Schleimhaut Zellen mit **Kinozilienbesatz**.

3 Urogenitaltrakt

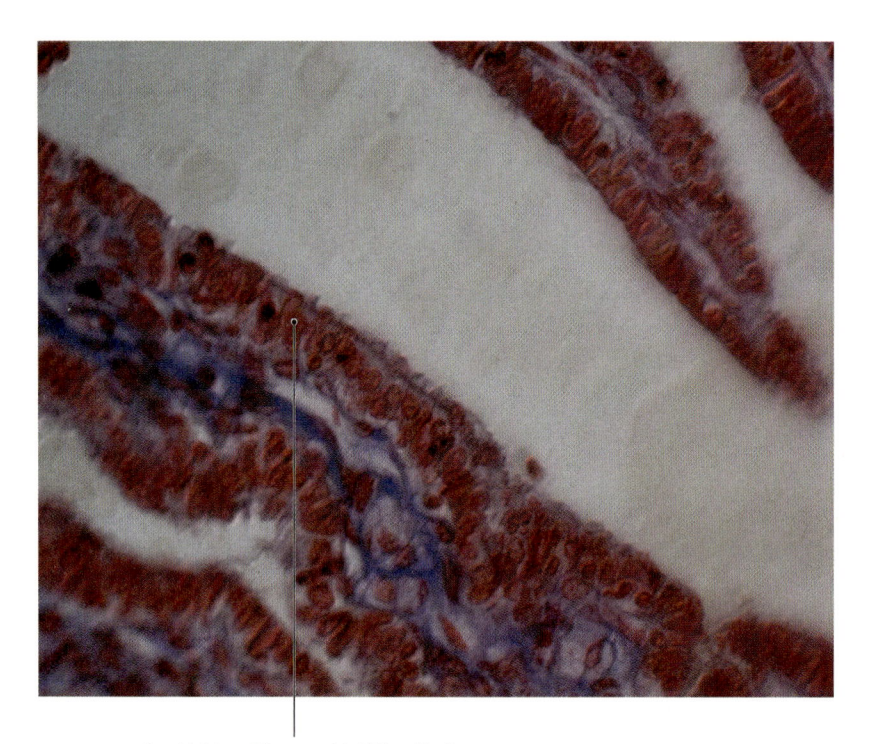

einschichtiges Flimmerepithel (Kinozilien)

Abb. 28: Tuba ovarii

medi-learn.de/6-histo3-28

Die Zilien schlagen in Richtung des Uterus, sodass ein Flüssigkeitsstrom die gesprungene Eizelle dorthin transportieren kann.
Das Lumen der Tube ist von einer stark gefalteten Tunica mucosa ausgekleidet.

> **Merke!**
>
> Es gibt in der Tube Zellen mit Kinozilienbesatz und andere, die auf Sekretion spezialisiert sind.
> Das klassische Prüfungsbild zur Tube kannst du leicht mit dem klassischen Darmbild verwechseln. Dagegen hilft nur genaues Hinschauen, denn der Darm hat einen Bürstensaum, die Tube Kinozilien.

Uterus

Die Aufgabe der Gebärmutter besteht darin, den Nährboden und die Heimstatt für den Embryo und später den Fötus zu sein. Außerdem muss sie die nötige Muskulatur besitzen, um die Kinder eines Tages an die frische Luft zu befördern.

Histologisch lässt sich der Uterus in drei Schichten gliedern:
- **Endometrium,**
- **Myometrium,**
- **Parametrium/Serosa**.

Der Nährboden wird durch eine spezialisierte Schleimhaut (Endometrium) gebildet, die sich abhängig von der hormonellen Gesamtsituation stark verändern kann. Man unterscheidet an ihr ein Stratum basale (Basalis) von einem Stratum functionale (Funktionalis). Das Schleimhautepithel besteht aus isoprismatischen Zellen, die entweder mit Kinozilien besetzt sind oder der Sekretion dienen (s. Abb. 30, S. 46 sowie Abb. 31, S. 47 und Abb. 32, S. 47).

3.2.2 Weibliche Geschlechtsorgane

> **Merke!**
>
> Das Stratum basale geht direkt in die Tunica muscularis über, OHNE dass es eine Tela submucosa gibt.

In der Basalis befinden sich Basalarterien und die **Glandulae uterinae** (gegabelte Endstücke der uterinen Drüsen). Die Drüsen des Uterus sind einfach Einstülpungen des Epithels, die bis fast an die Tunica muscularis heranreichen. Von dieser Schicht der Schleimhaut wird die **Funktionalis** immer wieder aufgebaut, indem die Zellen des uterinen Bindegewebes proliferieren. Die Funktionalis ist derjenige Teil, der die meisten Veränderungen durchmacht, durch die Menstruationsblutung regelmäßig abgestoßen und dann erneuert wird. Die Basalarterien setzen sich in der Funktionalis als Spiralarterien fort. Die Glandulae uterinae haben hier erst Korkenzieher-, später dann Sägeblattform; je nachdem, in welchem der folgenden Zyklusabschnitte die Schleimhaut sich befindet.

- Desquamationsphase (Tag 1 & 2): Mit dem ersten Tag der Menstruation beginnt die Zählung der Zyklustage. Durch einen starken Abfall des hypophysären LH am Ende der Sekretionsphase – und damit des Progesterons – kommt es zur Kontraktion des uterinen **Bindegewebes** und so zu einer Verschlechterung der Blutversorgung (Ischämie). Die aus zerfallenden Zellen frei werdenden Stoffe führen zu einer Kontraktion der Spiralarterien, wodurch die Ischämie verstärkt wird. Letztlich setzen in der Desquamationsphase einwandernde Leukozyten Enzyme frei, die einerseits das Gewebesterben verstärken und andererseits die Spiralarterien wieder entspannen. Dadurch kann die zerstörte Funktionalis abge-

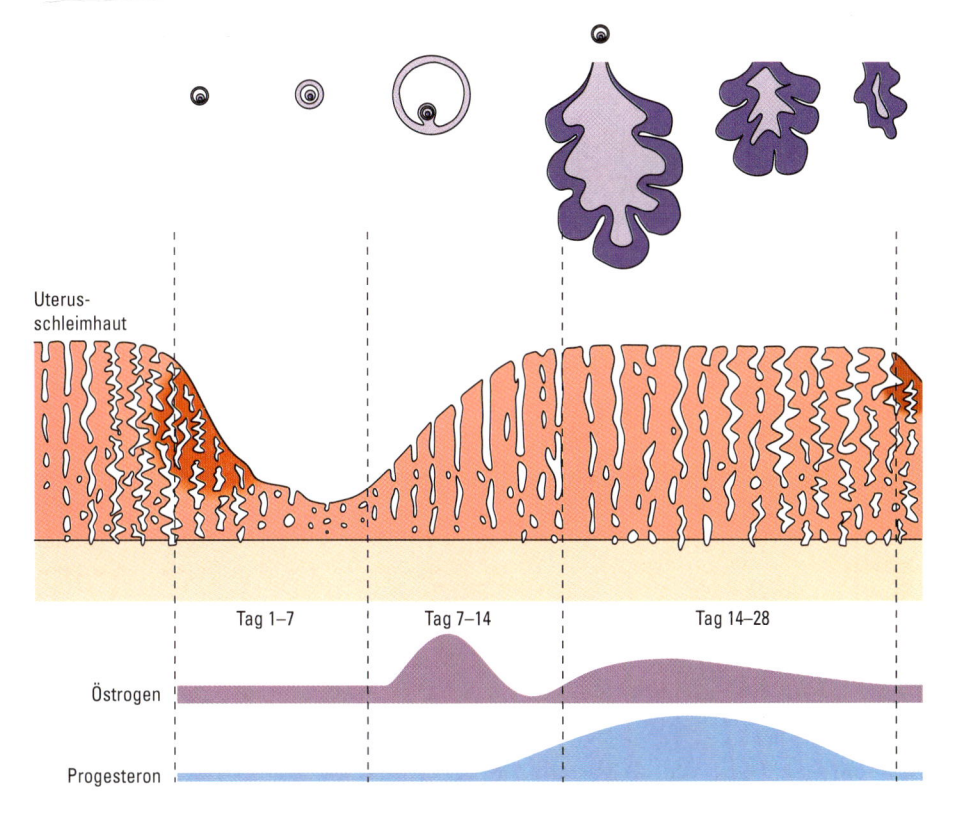

Abb. 29: Zyklus *medi-learn.de/6-histo3-29*

3 Urogenitaltrakt

stoßen werden. Die leukozytären Enzyme verhindern auch ein Gerinnen des Menstruationsbluts.
- Regenerationsphase (Tag 3 & 4): Von der Basalis aus wird der große Defekt an der uterinen Schleimhaut wieder repariert. Sie bildet ein neues Epithel.
- Proliferationsphase (Tage 5–15): Während dieser Zeit wächst das Stratum functionale unter dem Einfluss von FSH und dem ansteigenden Östrogenspiegel (aus dem Granulosaepithel) bis zu einer Dicke von 6–8 mm heran. Die Glandulae uterinae haben hier im Schnittbild die Form von Korkenziehern.
- Sekretionsphase (Tag 16–28): Unter der Wirkung von hypophysärem LH entwickelt sich der Gelbkörper, der Progesteron bildet. Dieses Hormon führt dazu, dass sich das Uterusepithel weiter differenziert und die Zahl an sekretorischen Zellen steigt. Die Gänge der Uterusdrüsen werden länger, weshalb sie sich in der Funktionalis stärker aufwinden. Dadurch entsteht das Bild eines Sägeblatts.

Nach dieser Zeit fällt der LH-Spiegel, sodass der Gelbkörper degeneriert und das Progesteron abnimmt. Womit wir wieder am Anfang wären.

Erfolgt jedoch eine Imprägnation, so entwickelt sich bald der Synzytiotrophoblast, dessen HCG dann – trotz hypophysärem LH-Abfall – das Corpus luteum am Leben erhält.

> **Merke!**
>
> In der späten Sekretionsphase kommen Deciduazellen in leicht abgewandelter Form auch im Endometrium des nichtschwangeren Uterus vor.

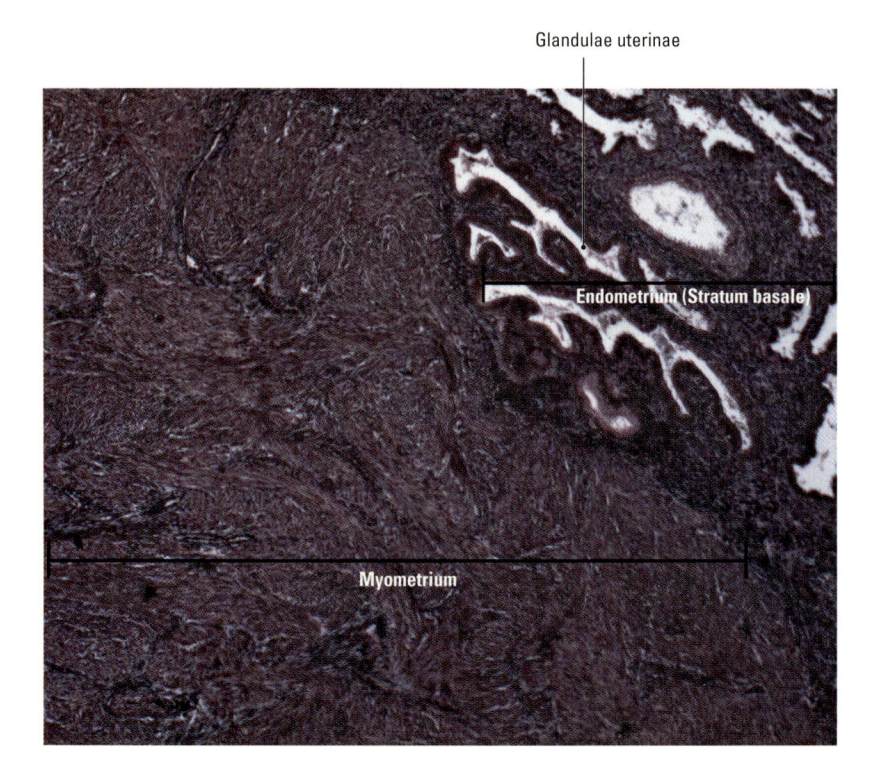

Abb. 30: Proliferationsphase I

medi-learn.de/6-histo3-30

3.2.2 Weibliche Geschlechtsorgane

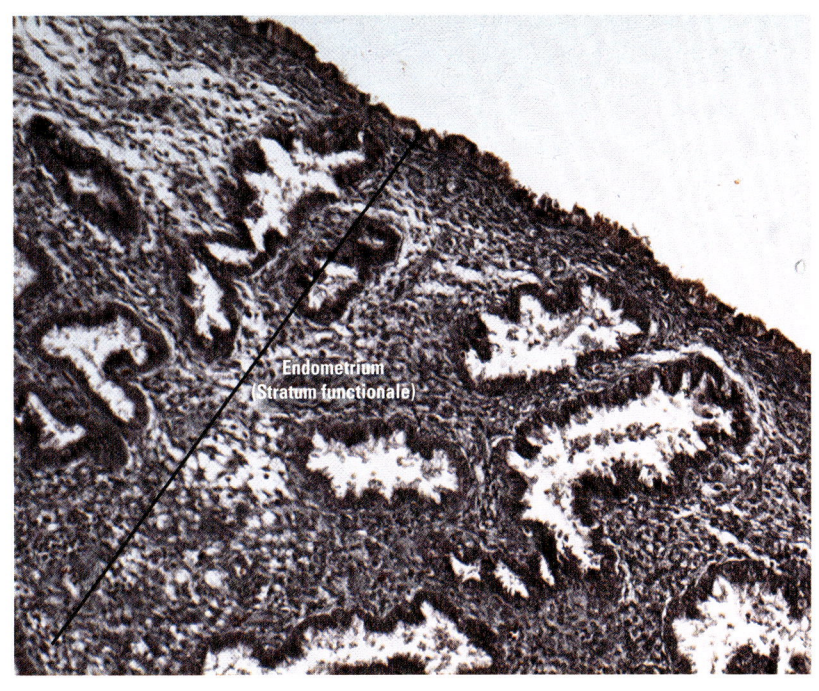

Abb. 31: Proliferationsphase II

medi-learn.de/6-histo3-31

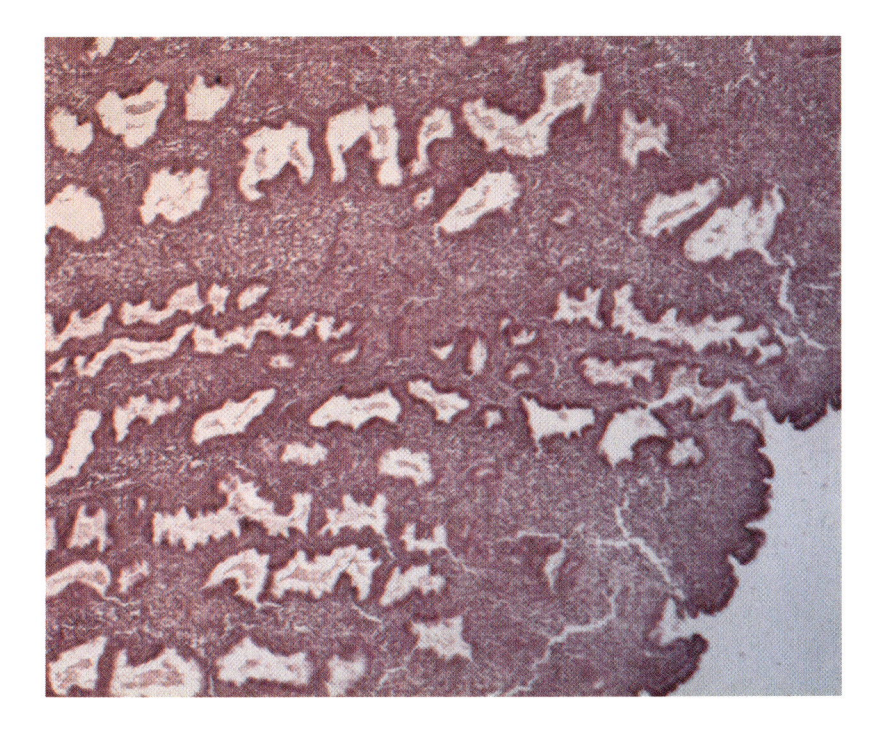

Abb. 32: Sekretionsphase

medi-learn.de/6-histo3-32

3 Urogenitaltrakt

Es gibt zwei Einteilungen für das Stratum functionale:
- Morphologische Einteilung (nur während der Sekretionsphase)
  - **Stratum compactum**: enge Drüsenlumina
  - **Stratum spongiosum**: weite Drüsenlumina
- Chronologische Einteilung
  - **Desquamationsphase** (Abstoßung der Funktionalis)
  - **Proliferationsphase** (bis zur Ovulation)
  - **Sekretionsphase**

Vagina

Zur Vagina werden immer wieder dieselben Fragen gestellt. Die am häufigsten gefragten Fakten findest du unter „Merke". Hier noch mal eine kurze Zusammenfassung der histologischen Merkmale der drei Schichten der Vagina:

Tunica mucosa
- Epithel
  - mehrschichtig **unverhorntes** Plattenepithel
  - setzt sich auf die Portio vaginalis fort
  - Synthese und Speicherung von **Glykogen** (physiologische Nahrung für die Döderleinbakterien)
  - Feuchthaltung durch Uterussekret und Transsudation, denn **Drüsen fehlen**
  - Langerhans-Zellen
- Lamina propria mucosae
  - mit dem Epithel durch Papillen verzapft
  - lockeres Bindegewebe, reich an elastischen Fasern und Gefäßen

Tunica muscularis
- glatte Muskulatur, schwach entwickelt

Tunica adventitia
- Bindegewebe

> **Merke!**
> - Im Epithel der Vagina wird Glykogen gespeichert.
> - In der Vagina befindet sich eine drüsenfreie Schleimhaut.

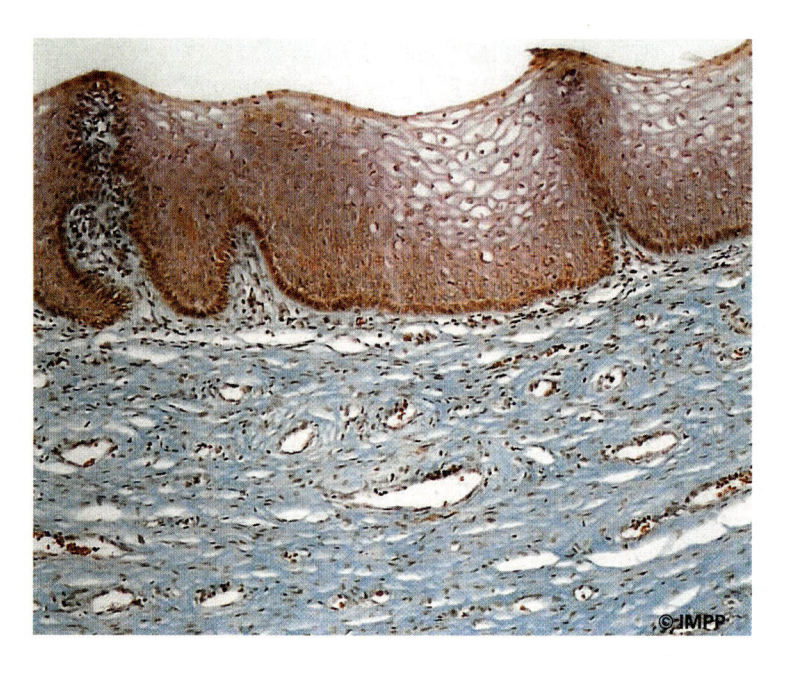

Abb. 33: Vagina

3.2.3 Plazenta

Der Mutterkuchen (Plazenta) ist die Schnittstelle zwischen Mutter und Kind. Hier findet ein reger Stoffaustausch statt. Nährstoffe, Sauerstoff und Immunglobuline wandern aus dem mütterlichen in das fetale Blut. Stoffwechselendprodukte und Kohlendioxid wechseln vom Kind zur Mutter. Grundlegende Voraussetzung hierfür ist eine möglichst große Austauschfläche, an der mütterliches und kindliches Blut eng zusammenkommen, ohne dass es dabei zu einer Bluttransfusion kommt. Diese Aufgabe wird von den Zotten der Plazenta übernommen.

Da regelmäßig Fragen zur Plazenta, den Zotten und speziell zum Aufbau der Zotten gestellt werden, kommt hier ein kurzer Überblick über die Entstehung der Zotten.

Zotten

Der sich einnistende Keim differenziert schnell in unterschiedliche Gewebe. Die äußerste Schicht Zellen verliert ihre Zellgrenzen und bildet ein großes Synzytium, d. h. einen Verband aus verschmolzenen Zellen, in dessen Zytoplasma zahlreiche Kerne zu finden sind. Da dieses Synzytium für die Ernährung des Keims zuständig ist, heißt es **Synzytiotrophoblast** (vgl. Trophologie = Ernährungslehre). Mit proteolytischen Enzymen daut der Synzytiotrophoblast die Arterien der Uterusschleimhaut an, sodass der Keim von mütterlichem Blut umflossen wird.

Die Zellen der nach innen folgenden Schicht – dem **Trophoblasten** – wachsen sehr stark, wobei sie sich verzweigen. Diese kleinen Äste schieben sich nun durch den Synzytiotrophoblasten hindurch in den See aus Blut, wobei das Synzytium als äußerste Schicht außen aufgelagert bleibt. So entstehen die Primärzotten. In diese Primärzotten wächst nun embryonales Mesenchym ein. Das Resultat heißt **Sekundärzotte**.

Wenn von der embryonalen Seite schließlich noch Blutgefäße in dieses Mesenchym eingewachsen sind, dann haben wir die **Tertiärzotten** (s. IMPP-Bild 14 und IMPP-Bild 15, S. 66 im Anhang).

Merke!

- **Primärzotten** bestehen aus Trophoblast und Synzytiotrophoblast, umgeben von mütterlichem Blut.
- **Tertiärzotten** enthalten kindliche Blutgefäße, kindliches Bindegewebe und Zellen von Trophoblast und Synzytiotrophoblast (s. IMPP-Bild 15, S. 66 im Anhang).
- In der reifen Plazenta finden sich hauptsächlich Tertiärzotten, die durch Bindegewebssepten in 15–20 Felder (Kotyledonen) unterteilt sind.
- **Kotyledonen** sind das Kennzeichen der reifen Plazenta. Nach der Geburt wird die Plazenta auf Vollständigkeit (vollständige Kotyledonen) überprüft.
- Im schriftlichen Physikum werden die Tertiärzotten auch Endzotten oder Zotten am Ende der Schwangerschaft genannt.
- Der Synzytiotrophoblast weist am Ende der Schwangerschaft Mikrovilli auf, eine Tatsache, die immer wieder gerne gefragt wird.

Den Raum zwischen den Zotten nennt man **intervillösen** Raum. Er ist mit dem Blut – auf histologischen Abbildungen mit den Erythrozyten – der Mutter gefüllt. Die direkte Grenze zwischen dem kindlichen und dem mütterlichen Blut wird vom Synzytiotrophoblasten gebildet. Dieser Zellhaufen kann aber noch viel mehr: Er ist in den ersten Wochen das zentrale Stoffwechselorgan des Embryos, bis dieser die Funktionen selbst übernehmen kann. Außerdem produziert er HCG, das den Gelbkörper aufrecht erhält (s. Corpus luteum graviditatis, S. 43).

3 Urogenitaltrakt

Übrigens ...
Dieses HCG wird ausschließlich vom Synzytiotrophoblasten einer befruchteten Eizelle gebildet. Es wird mit dem Urin ausgeschieden und lässt sich dort schon in kleinsten Mengen nachweisen, woraus clevere Leute einen Schwangerschaftstest entwickelt haben. Die HCG-Produktion erreicht ihren Höhepunkt um die 8. Woche und nimmt anschließend wieder ab.
- Ab Mitte der Schwangerschaft bildet der Synzytiotrophoblast auch Progesteron, am Ende sogar alleine.
- Der Synzytiotrophoblast ist für IgG permeabel, NICHT aber für IgM-Antikörper.

Schichten der Plazenta

Was auch gern gefragt wird, ist der Schichtenbau des Mutterkuchens, gekoppelt mit der Frage danach, was sich auf fetaler und was sich auf mütterlicher Seite befindet.

Das Endometrium kann als äußerste Schicht der Eihäute bezeichnet werden und heißt als solche Decidua. Direkt unter der Plazenta heißt sie Decidua basalis. Daran schließt sich der intervillöse Raum an, der von Zottenbäumen erfüllt ist. Die Zottenbäume wachsen aus der Chorionplatte heraus, der dann nur noch das Amnionepithel aufliegt.

> **Merke!**
> - Die mütterliche Seite der Plazenta wird Decidua basalis genannt.
> - Die fetale Seite der Plazenta wird von Amnionepithel gebildet.

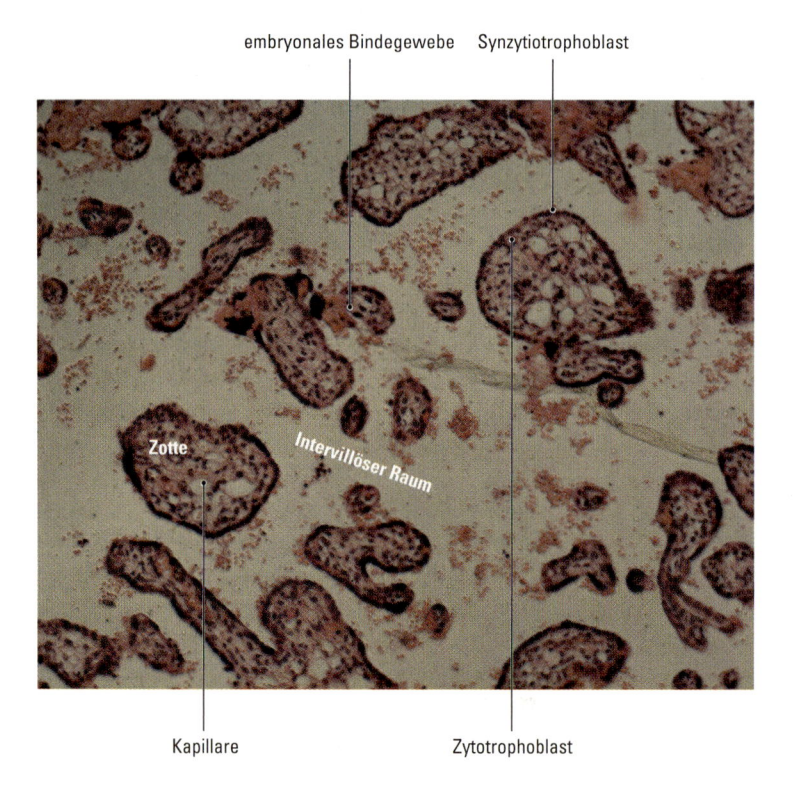

Abb. 34: Querschnitt Plazenta Tertiärzotten

medi-learn.de/6-histo3-34

3.2.3 Plazenta

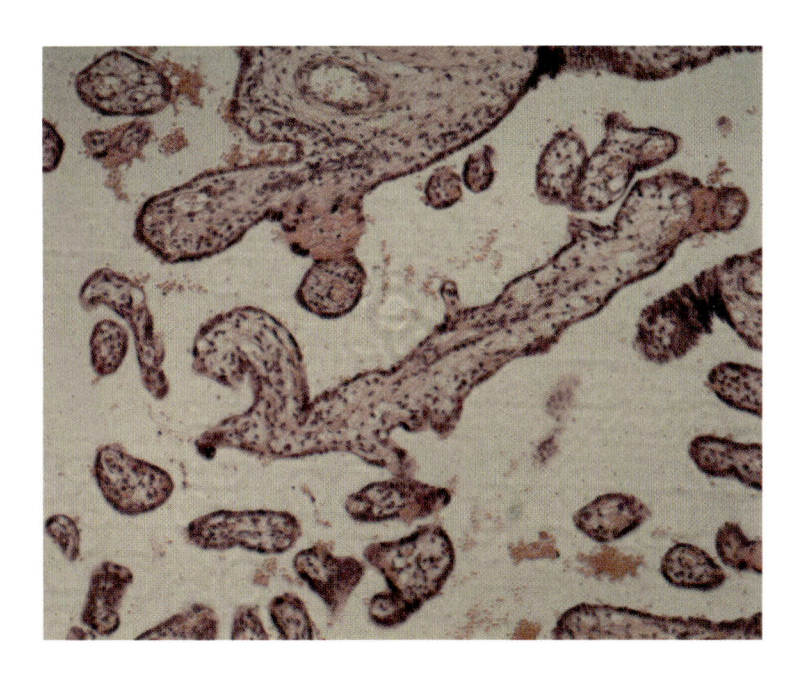

Abb. 35: Längsschnitt Plazenta Tertiärzotten

medi-learn.de/6-histo3-35

DAS BRINGT PUNKTE

Bislang wurde Folgendes jedes Jahr gefragt: die **Sertolizellen** sowie die **Leydig-Zellen**, inkl. Hormonproduktion, Hormonrezeptoren, Syntheseprodukten sowie Aufgaben und Lage innerhalb des Hodens. Im Einzelnen solltest du wissen, dass
- Leydig-Zellen über glattes endoplasmatisches Retikulum, Mitochondrien vom tubulären Typ und Rezeptoren für LH (luteinisierendes Hormon) verfügen.
- die 1. Meiose zu Spermatozyten II. Ordnung (haploid, selten zu sehen) führt.
- die 2. Meiose zu Spermatiden führt.
- Sertolizellen zur Phagozytose fähig sind.
- im basalen Teil die Spermatogonien außerhalb der Blut-Hoden-Schranke liegen.
- Sertolizellen androgenbindendes Protein, FSH-Rezeptoren und Inhibin produzieren.

Bei Bildern vom **Hoden** geht es übrigens meist um die Benennung der einzelnen Stufen der Keimzellreifung (s. Abb. 21, S. 35 und Abb. 23, S. 37).

Der **weibliche Zyklus** wurde schon oft gefragt, meist im Zusammenhang mit einer Abbildung des Uterus. Wie in den Abb. 29–Abb. 32 (S. 45 ff.) gezeigt, sollst du dann sagen, in welcher Zyklusphase dieses Foto gemacht wurde. Dafür sieh dir am besten nochmal das besagte Schema an. Zum **Uterus** ist außerdem noch wichtig, dass
- das Stratum basale direkt in die Tunica muscularis übergeht, OHNE dass es eine Tela subserosa gibt.
- in der Desquamationsphase die Funktionalis abgestoßen und die Basalis behalten wird.
- dieser Desquamation ein Progesteronabfall vorangeht.
- in dieser Phase die Spiralarterien nicht ständig kontrahiert sind.

Die **Gelbkörperregulation** durch LH/HCG ist auch ein beliebtes Thema. Hier stehen die Unterschiede in der Regulation bei normaler Menstruation im Gegensatz zur Gravidität im Vordergrund.
- Die Aktivität des Corpus luteum menstruationis wird durch das Hormon LH aufrechterhalten.
- Die Aktivität des Corpus luteum graviditatis wird durch das Hormon HCG (humanes Choriongonadotropin) aufrechterhalten, das vom Synzytiotrophoblasten der Plazenta kommt.

Es wurde auch die **Eizellreifung** häufig gefragt. Dafür ist besonders wichtig, dass
- die erste Reifeteilung erst kurz vor der Ovulation endet.
- die zweite Reifeteilung sich erst nach der Imprägnation vollendet.
- sich im Ovar spinozelluläres Bindegewebe findet.

Es finden sich immer mal Fragen zum **Mutterkuchen**, die besonders gerne gehäuft auftauchen. Das bedeutet, eine Frage zu diesem Thema kommt selten allein. Die Hierarchisierung deines Wissens über die Plazenta sieht für das Schriftliche wie folgt aus: Am liebsten wird der Aufbau der Plazenta und die daran beteiligten Schichten gefragt.
Dazu solltest du wissen, dass
- die äußerste Schicht die Funktionalis des Uterus ist. Sie heißt auch Decidua basalis.
- dann der Synzytiotrophoblast kommt, dann der Trophoblast und schließlich embryonales Bindegewebe mit den Gefäßen des Kindes.
- die Plazenta nach innen vom Amnionepithel abgeschlossen wird.

Bildfragen kommen fast ausschließlich zum Aufbau der Zotten dran, die den gleichen Grundaufbau (Schichtenbau) haben wie die Plazenta:

DAS BRINGT PUNKTE

- Bei den Bildern handelte es sich immer um Tertiärzotten.
- Tertiärzotten sind immer von mütterlichem (maternalem) Blut umspült.
- In ihrem Inneren führen die Tertiärzotten fetale Gefäße. Folglich findet sich dort auch fetales Blut.

Zum Schluss noch die **Specials**:
- Der Synzytiotrophoblast hat gegen Ende der Schwangerschaft einen Besatz mit Mikrovilli.
- Der Synzytiotrophoblast bildet das Hormon HCG, das die Progesteronbildung des Corpus luteum graviditatis aufrechterhält.
- Der Synzytiotrophoblast ist durchlässig für IgG, nicht aber für IgM.
- Der Synzytiotrophoblast selbst produziert auch Progesteron.

FÜRS MÜNDLICHE

Wenn du im Mündlichen ein Präparat vom Hoden bekommst, dann kommt ziemlich wahrscheinlich die Spermatogenese zur Sprache. Dabei ist es wichtig, deren Ablauf schildern zu können. Am besten du schreibst oder zeichnest dir die einzelnen Abschnitte in chronologischer Reihenfolge nochmal auf.

1. **Sagen Sie, was unterscheidet Keimzellen von anderen Körperzellen?**
2. **Nennen Sie die Hormone, die die Spermatogenese regulieren.**
3. **Wie unterscheiden Sie den Ductus deferens vom Ureter?**
4. **Zählen Sie die Gefäße auf, mit denen der Ductus deferens im Samenstrang verläuft.**
5. **Nennen Sie das Hormon, das den Gelbkörper unterhält.**
6. **Zählen Sie die Schichten des Uterus auf.**
7. **Nennen Sie die Aufgabe der Tuba uterina.**
8. **Welche Zellen können Sie an einem Tertiärfollikel unterscheiden?**
9. **Erläutern Sie die Aufgabe der Plazenta.**
10. **Sagen Sie, wie löst die Plazenta diese Aufgaben?**

---

1. Sagen Sie, was unterscheidet Keimzellen von anderen Körperzellen?
Keimzellen haben nur einen haploiden Chromosomensatz.

2. Nennen Sie die Hormone, die die Spermatogenese regulieren.
Von der Hypophyse ausgehend FSH und LH, von den Leydig-Zellen ausgehend Testosteron.

3. Wie unterscheiden Sie den Ductus deferens vom Ureter?
Anhand des unterschiedlichen Epithels und ggf. durch die unterschiedlich stark ausgeprägte Tunica muscularis (Ductus deferens drei dicke Schichten, Ureter in weiten Teilen nur zwei).

FÜRS MÜNDLICHE

4. Zählen Sie die Gefäße auf, mit denen der Ductus deferens im Samenstrang verläuft.
Der Ductus deferens verläuft im Samenstrang zusammen mit der Arteria und der Vena testicularis.

Der Zyklusverlauf bei der Frau ist ein beliebtes Thema im Mündlichen. Auch hier gilt es wieder, einen klar formulierten Ablauf vor Augen zu haben und vor allem wiedergeben zu können. Eine kleine Skizze (die du dir beim Lernen aufzeichnest) kann dir dabei helfen (ähnlich der Abb. 29, S. 45).

5. Nennen Sie das Hormon, das den Gelbkörper unterhält.
– 15.–28. Zyklustag das LH,
– im Fall einer Schwangerschaft HCG, wobei gegen Ende der Schwangerschaft das meiste Progesteron von der Plazenta selbst gebildet wird.

6. Zählen Sie die Schichten des Uterus auf.
Endometrium, Myometrium, Parametrium.

7. Nennen Sie die Aufgabe der Tuba uterina.
Sie muss die gesprungene Eizelle aufnehmen und zum Uterus leiten. Die Befruchtung findet meistens hier statt.

8. Welche Zellen können Sie an einem Tertiärfollikel unterscheiden?
Von innen nach außen sind das:
– Eizelle auf/in dem Cumulus oophorus,
– Granulosaepithelzellen, die die Follikelhöhle auskleiden,
– Basalmembran,
– Theca interna-Zellen,
– Theca externa-Zellen.

9. Erläutern Sie die Aufgabe der Plazenta.
– Versorgung des Kindes mit Sauerstoff und Nährstoffen,
– Entsorgung seiner Stoffwechselprodukte,
– Produktion von HCG und Progesteron.

10. Sagen Sie, wie löst die Plazenta diese Aufgaben?
Durch ein Andauen der mütterlichen Gefäße entsteht ein Blutsee, in den die Plazenta dann in Form von Zotten einsprosst. Durch die Zotten steht eine große Fläche für den Stoffaustausch zur Verfügung.
In den Zotten verlaufen die kindlichen Blutgefäße, sodass nur eine dünne Schicht von Zellen das fetale vom maternalen Blut abgrenzt.
Die exakte Grenzschicht wird vom Synzytiotrophoblasten gebildet, der auch eine Wächterfunktion einnimmt.

Pause

Super – drei Viertel des Skripts liegen hinter dir. Jetzt hast du dir ein etwas längeres Päuschen verdient.

4 Endokrine Drüsen & Nebennieren

Fragen in den letzten 10 Examen: 1

4.1 Endokrine Drüsen

Die endokrinen Drüsen sind die globalen Kommunikationsmittel unseres Körpers: Sie selbst haben einen festen Platz, doch die von ihnen abgegebenen Hormone wirken überall, wo es Rezeptoren für sie gibt. Da die Inseln des Pankreas und die Keimdrüsen schon besprochen wurden, sind hier nur noch die Hypophyse, die Schilddrüse mit den Nebenschilddrüsen und die Nebennieren aufgeführt. Histologisch wird nur auf die Nebennieren eingegangen, da zu den anderen endokrinen Drüsen bisher kaum Fragen gestellt wurden, und die Schilddrüse in den Skripten Physiologie 2 und Anatomie 4 noch ausführlicher besprochen wird.

4.1.1 Nebennieren

Die Nebenniere oder auch Glandula suprarenalis, die in einer dünnen Kapsel oberhalb der Niere liegt, lässt sich ebenfalls (wie Niere, Milz und Lymphknoten) in Mark und Rinde gliedern.

4.1.2 Nebennierenmark

Das Mark der Nebennieren kann man als ein vergrößertes und im Ort abweichendes Grenzstrangganglion ansehen. Die Grenzstrangganglien gehören zum sympathischen Nervensystem und sind Umschaltstationen vom ersten auf das zweite Neuron – also von prä- auf postganglionär. Entwicklungsgeschichtlich stammt das Nebennierenmark nämlich von Sympathikoblasten ab, die aus der Neuralleiste ausge-

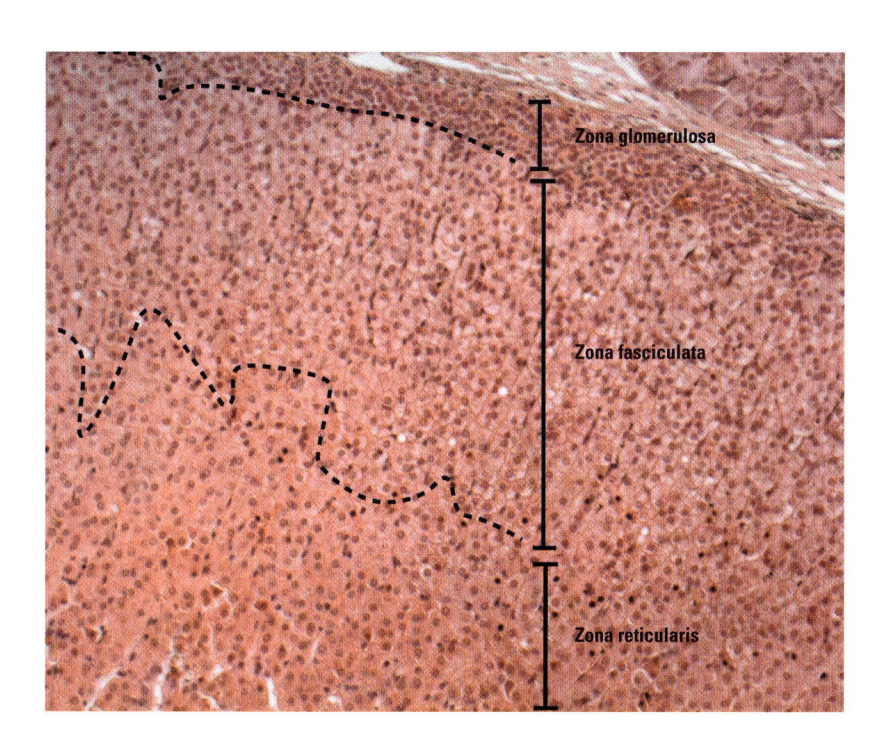

Abb. 36: Nebennierenrinde, Zonengliederung

medi-learn.de/6-histo3-36

4 Endokrine Drüsen & Nebennieren

Zone	Aufbau	Hormon	Merke:
Zona glomerulosa	Knäuel aus azidophilen Zellen	Mineralocorticoide: – **Aldosteron** – Corticosteron	„Mineral- wasser
Zona fasciculata	Säulen von Zellen mit basophilem Zytoplasma und Fettvakuolen	Glucocorticoide: – **Cortison** – Hydrocortison Geschlechtshormone: – Östrogene – Androgene = **Dehydroepiandrosteron**	mit Zucker
Zona reticularis	Netzwerk aus azidophilen Zellen	• Glucocorticoide • Androgene	macht sexy."
Mark	vielgestaltige, epitheloide Zellen ektodermaler Herkunft	• Adrenalin • Noradrenalin	

Tab. 3: Funktionelle Gliederung der Nebenniere

wandert sind und auch zum APUD-System (s. APUD-Zellen, Skript Histologie 2) gehören. Was das Nebennierenmark jedoch von einem Grenzstrangganglion unterscheidet, ist, dass seine Zellen nicht als Nerven weiterlaufen, sondern ihre Transmitter Adrenalin und Noradrenalin an das Blut abgeben.

Die präganglionäre Innervation ist jedoch identisch zum sympathischen Nervensystem. Im Schnittbild zeigt das Nebennierenmark ein wabiges Aussehen.

Merke!

Das Mark der Nebenniere sezerniert Adrenalin und Noradrenalin, wozu es durch Acetylcholin (aus dem ersten Neuron) stimuliert wird.

4.1.3 Nebennierenrinde

Die Rinde der Nebenniere wird in drei Schichten unterteilt. Von außen nach innen sind dies:
– Zona glomerulosa,
– Zona fasciculata,
– Zona reticularis,

wobei die mittlere Zone (Zona fasciculata) die breiteste ist.

DAS BRINGT PUNKTE

Bei den Fragen zu endokrinen Drüsen spielen die zur **Nebenniere** die Hauptrolle. Hierbei wird mit Vorliebe wieder Memory gespielt. Also merk dir die Zuordnung von Zone und Hormonen, dann kannst du den Großteil der Fragen schon erfolgreich bestreiten:
- Zona glomerulosa = Mineralocorticoide
- Zona fasciculata = Glucocorticoide und Geschlechtshormone
- Zona reticularis = Glucocorticoide und Geschlechtshormone
- Mark = Adrenalin und Noradrenalin
- für die Schichten von außen nach innen: GFR
- für die Hormone von außen nach innen: Mineralwasser mit Zucker macht sexy.

FÜRS MÜNDLICHE

Bei den Präparaten zum Thema endokrine Drüsen solltest du mit der Benennung der sichtbaren Strukturen beginnen und zunächst einfache anatomische Zusammenhänge aufzeigen. Erst danach solltest du die funktionelle Seite der Drüsen beleuchten. Bei diesen Präparaten rutscht man nämlich ganz schnell in die Thematik der Biochemie …

1. **Erläutern Sie die Aufgaben der Nebenniere.**

2. **Nennen Sie die Hormone, die in der Nebenniere produziert werden.**

3. **Beschreiben Sie bitte den grundlegenden Aufbau der Nebennieren.**

4. **Nennen Sie die Regelkreise, die in die Nebennieren integriert sind.**

---

1. Erläutern Sie die Aufgaben der Nebenniere.
Die Nebenniere ist eine hormonell aktive Drüse, die paarig angelegt und oberhalb der Nieren zu finden ist. Ihre Hormone greifen sowohl in den Zucker- und Mineralhaushalt als auch in die Entwicklung geschlechtsspezifischer Merkmale ein.

2. Nennen Sie die Hormone, die in der Nebenniere produziert werden.
- Mineralocorticoide wie Aldosteron,
- Glucocorticoide wie Cortisol,
- Geschlechtshormone wie Testosteron und Östrogen.

Diese Hormone werden in der Rinde synthetisiert. Die Zellen des Nebennierenmarks stellen Adrenalin und Noradrenalin her.

3. Beschreiben Sie bitte den grundlegenden Aufbau der Nebennieren.
Bei den Nebennieren kann man eine Rinden- von einer Markzone unterscheiden. Die Rinde kann weiter in drei Schichten gegliedert werden:
- Zona glomerulosa,
- Zona fasciculata,
- Zona reticularis.

4. Nennen Sie die Regelkreise, die in die Nebennieren integriert sind.
Die Rindenregionen unterliegen der Steuerung durch die Hypophyse, z. B. durch ACTH – das adrenocorticotrope Hormon.
Das Mark ist in die nerval gesteuerten Grenzstrangganglien des Sympathikus integriert und entspricht in seiner Hormonsynthese dem postganglionären sympathischen Schenkel.

Pause

Geschafft! Jetzt gönne dir eine erholsame Verschnaufpause und dann geht's ans Kreuzen.

IMPP-Bilder

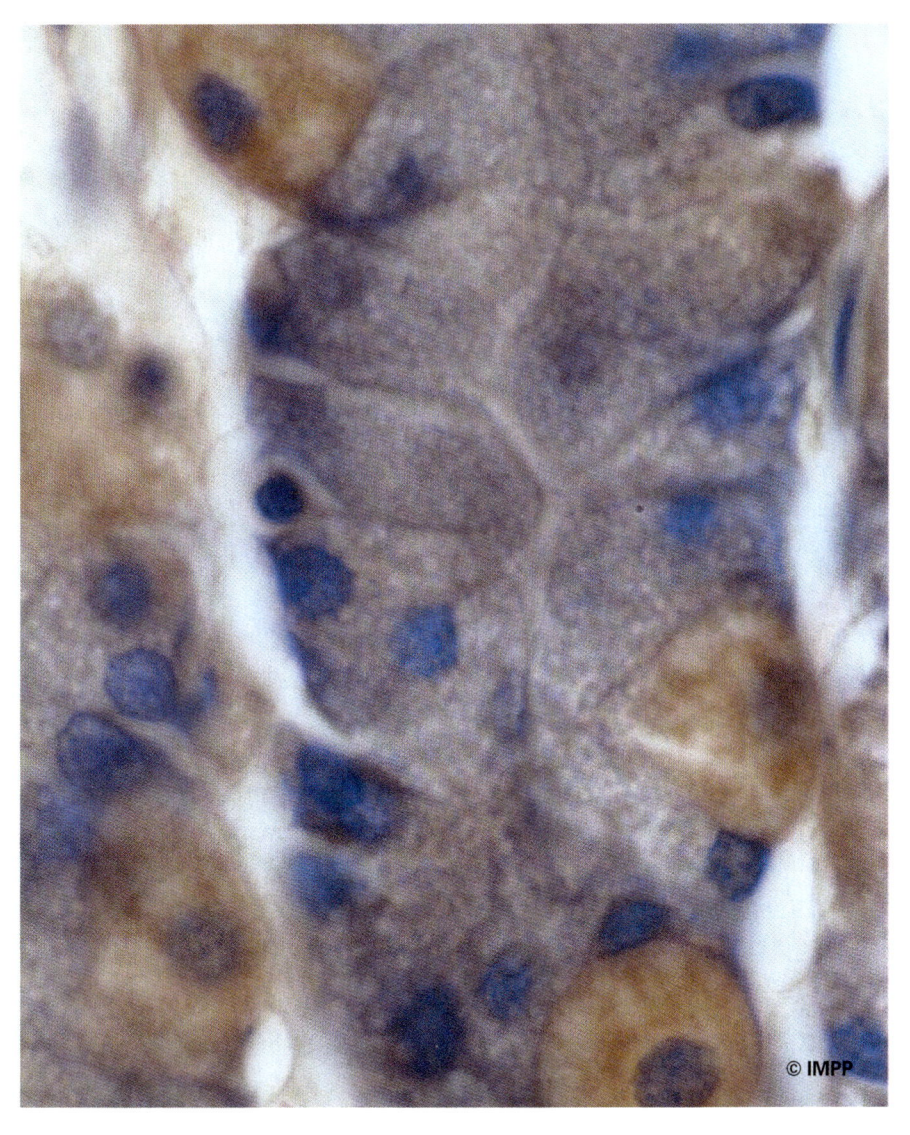

IMPP-Bild 1: Belegzellen des Magens

medi-learn.de/6-histo3-impp1

Deutlich sichtbar sind die Belegzellen (= Parietalzellen) des Magens. Sie sind eosinophil, weil sie viele Mitochondrien enthalten. Sie imponieren typischer Weise als große Zellen mit „Spiegelei"-artigem Aussehen.

Anhang

Anhang

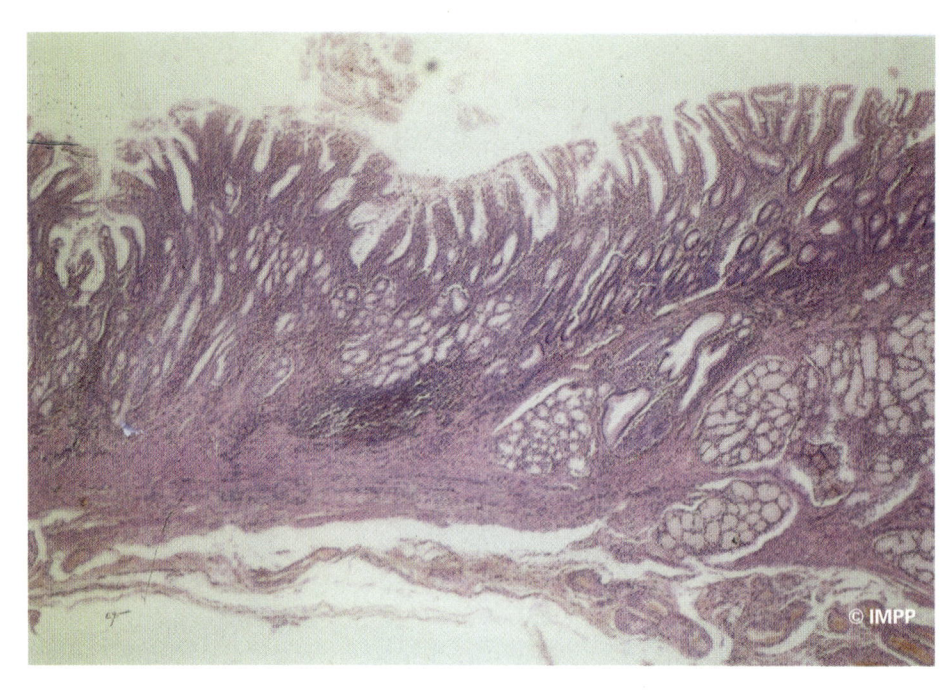

IMPP-Bild 2: Pylorusregion
medi-learn.de/6-histo3-impp2

Zu sehen ist der Übergang zwischen Magen und Duodenum, der an den angeschnittenen Brunnerdrüsen zu erkennen ist.

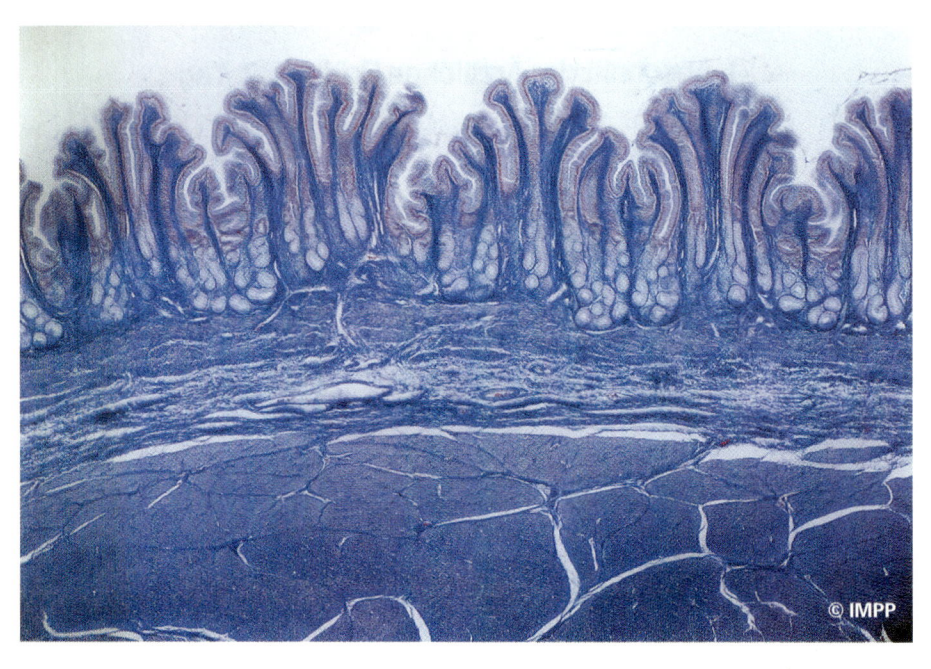

IMPP-Bild 3: Pylorusregion
medi-learn.de/6-histo3-impp3

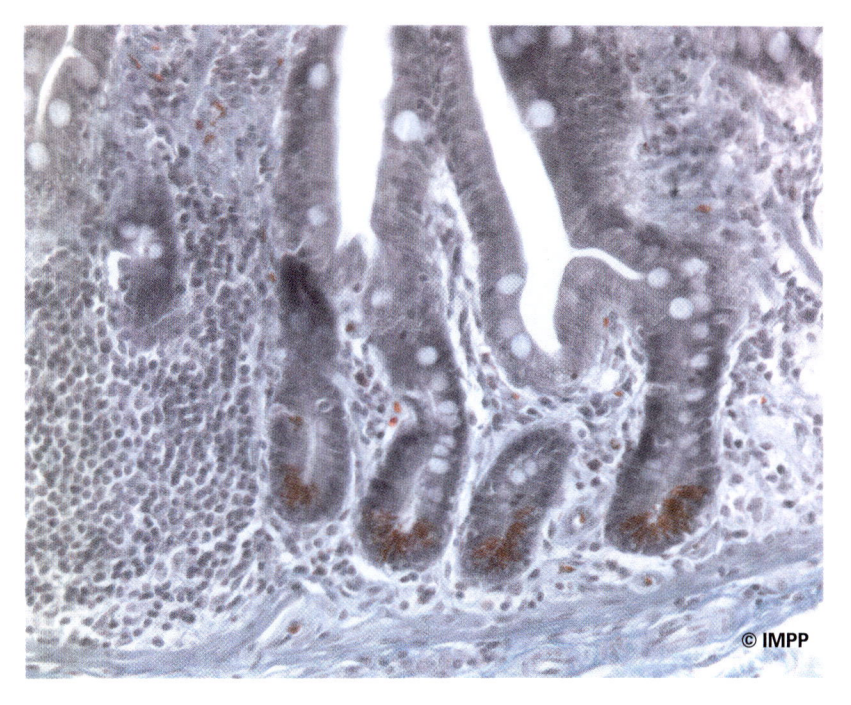

IMPP-Bild 4: Darmkrypten
medi-learn.de/6-histo3-impp4

Eingestreut finden sich helle Becherzellen und am Grund gefärbte Paneth-Körnerzellen, die auch oxyphile Körnchenzellen genannt werden.

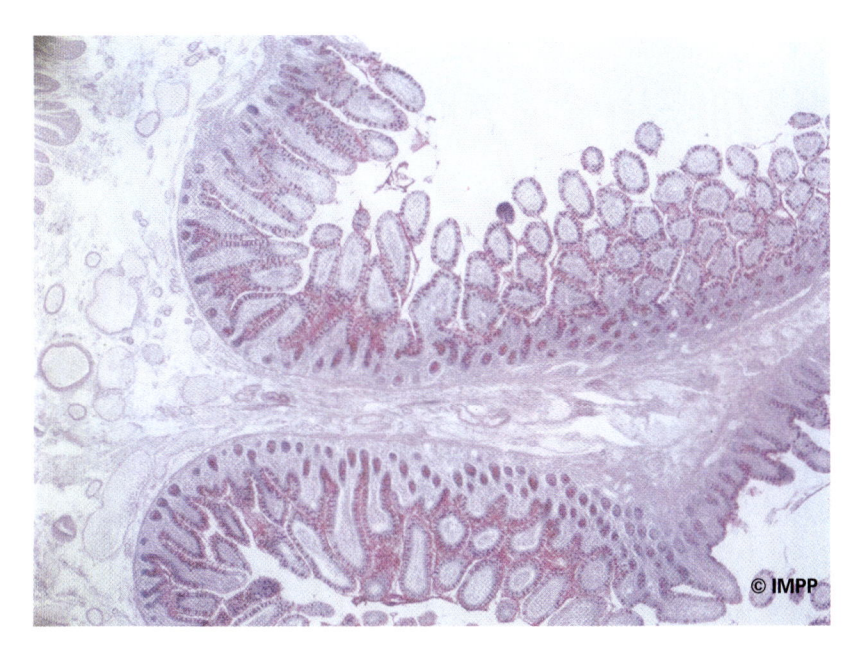

IMPP-Bild 5: Jejunum
medi-learn.de/6-histo3-impp5

Quer angeschnittene Zotte, Becherzellen sind dunkel gefärbt.

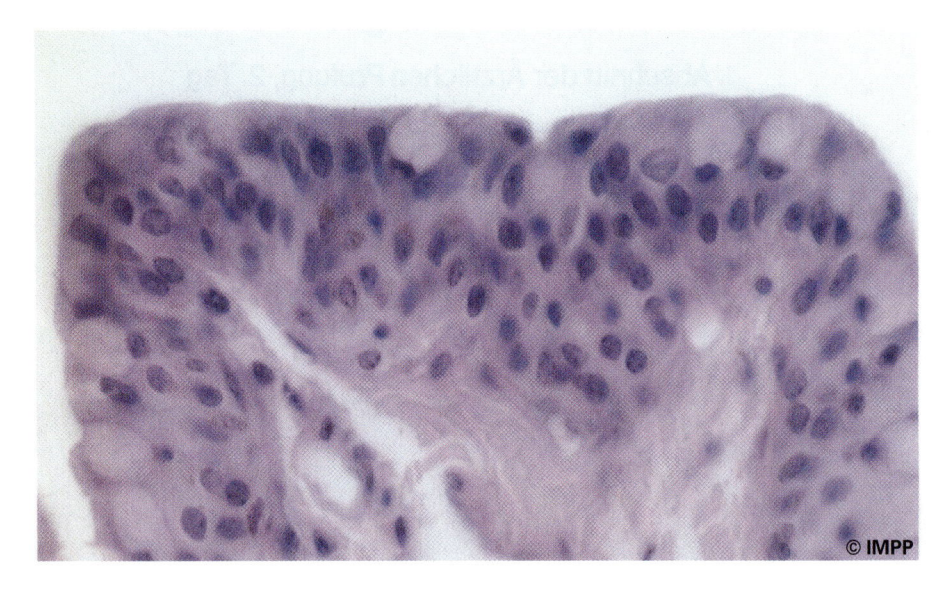

Anhang

IMPP-Bild 6: Dickdarmzotte
medi-learn.de/6-histo3-impp6

Dickdarmzotte mit Lumen einer Krypte (links). Beachte die vielen Becherzellen.

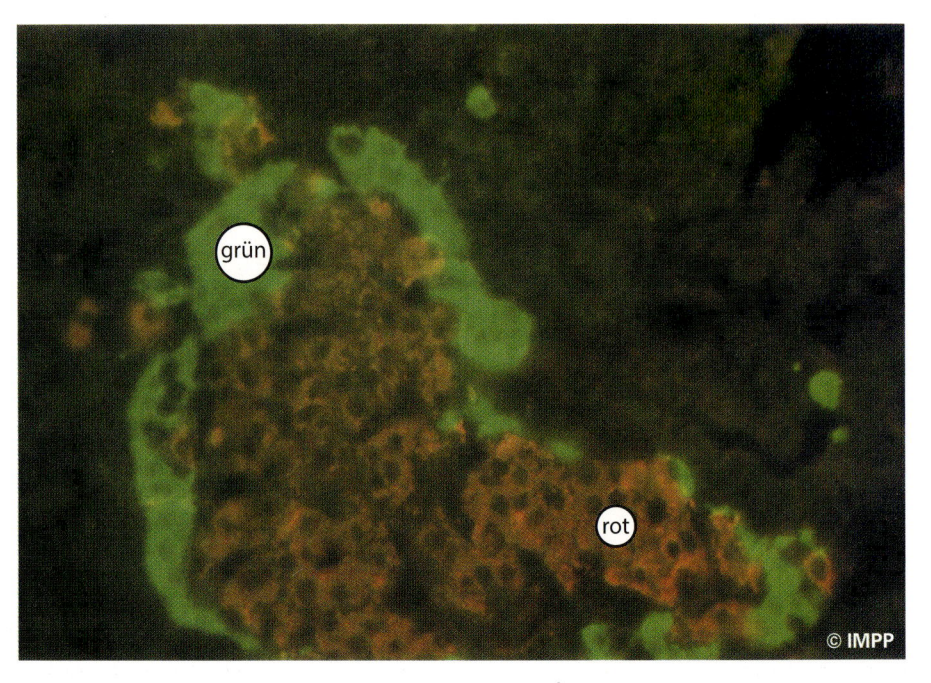

IMPP-Bild 7: Pankreas
medi-learn.de/6-histo3-impp7

Immunhistochemische Darstellung insulinproduzierender B-Zellen (rot) und glukagonproduzierender A-Zellen (grün).

Anhang

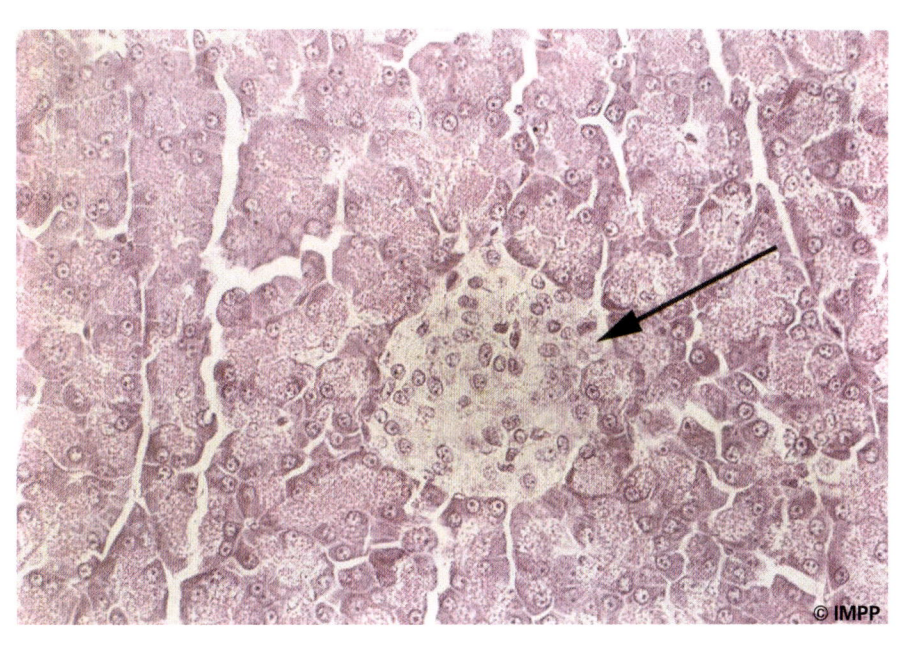

IMPP-Bild 8: Langerhans-Insel
medi-learn.de/6-histo3-impp8

Diese Abbildung zeigt Pankreasgewebe mit einer Langerhans-Insel (Pfeil).

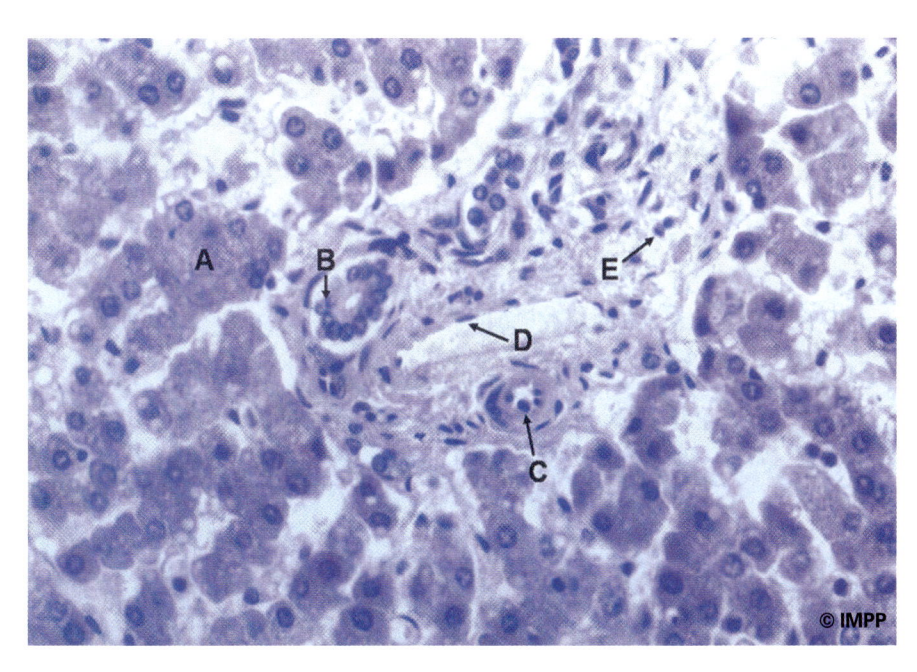

IMPP-Bild 9: Trias hepatica
medi-learn.de/6-histo3-impp9

Zu sehen sind die Pfortadervene (D), ein Gallengang (B) und die Arteria hepatica (C). (A) kennzeichnet eine Leberzelle, (E) einen ansässigen Lymphozyten.

Anhang

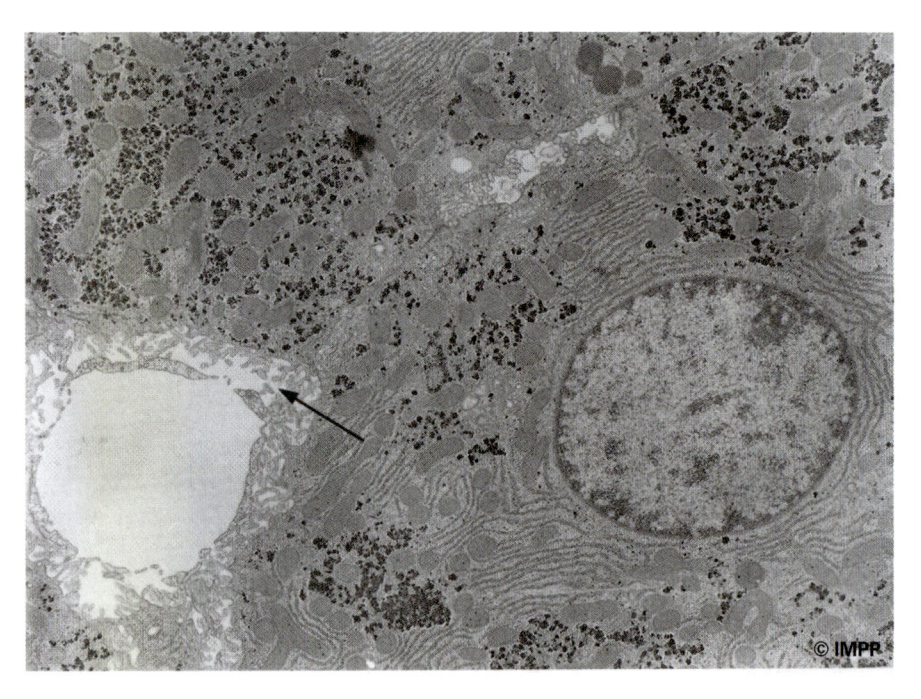

IMPP-Bild 10: Elektronenmikroskopische Aufnahme einer Leberzelle
medi-learn.de/6-histo3-impp10

Markiert ist der Disse-Raum = die Innenseite des gefensterten Endothels.

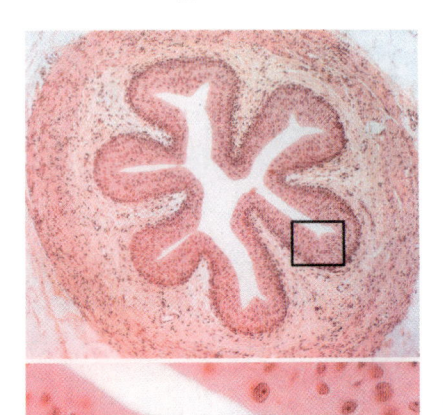

Querschnitt durch den Ureter

Urothel mit deutlich zu sehender Deckzellschicht („Umbrella-cells") und Crusta

IMPP-Bild 11: Ureter
medi-learn.de/6-histo3-impp11

IMPP-Bilder

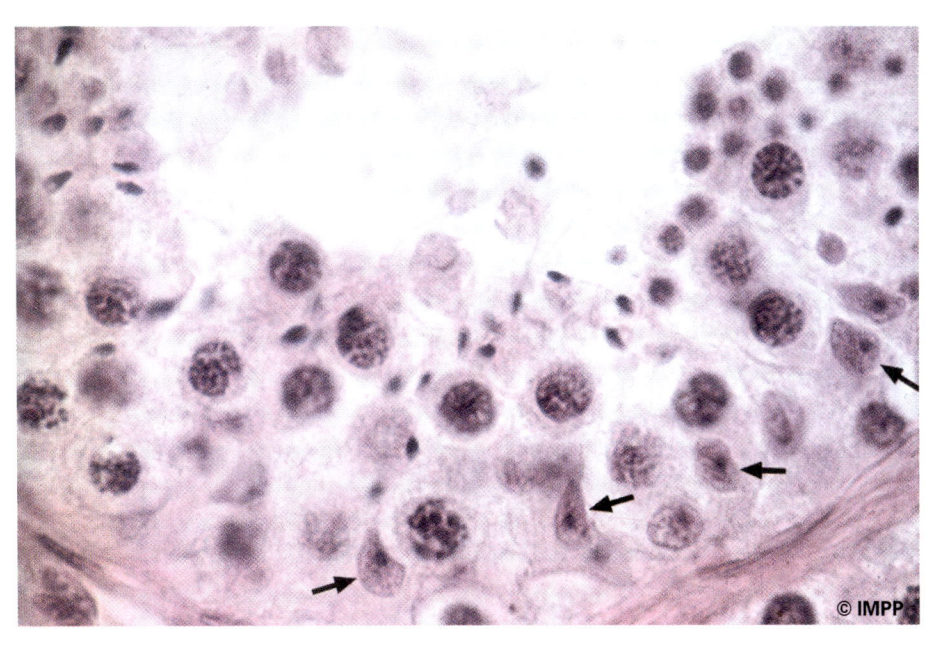

IMPP-Bild 12: Hodenkanälchen
medi-learn.de/6-histo3-impp12

Querschnitt eines Hodenkanälchens, von der Basalmembran bis zum Lumen. Die Markierungen zeigen auf Zellkerne von Sertoli-Stützzellen.

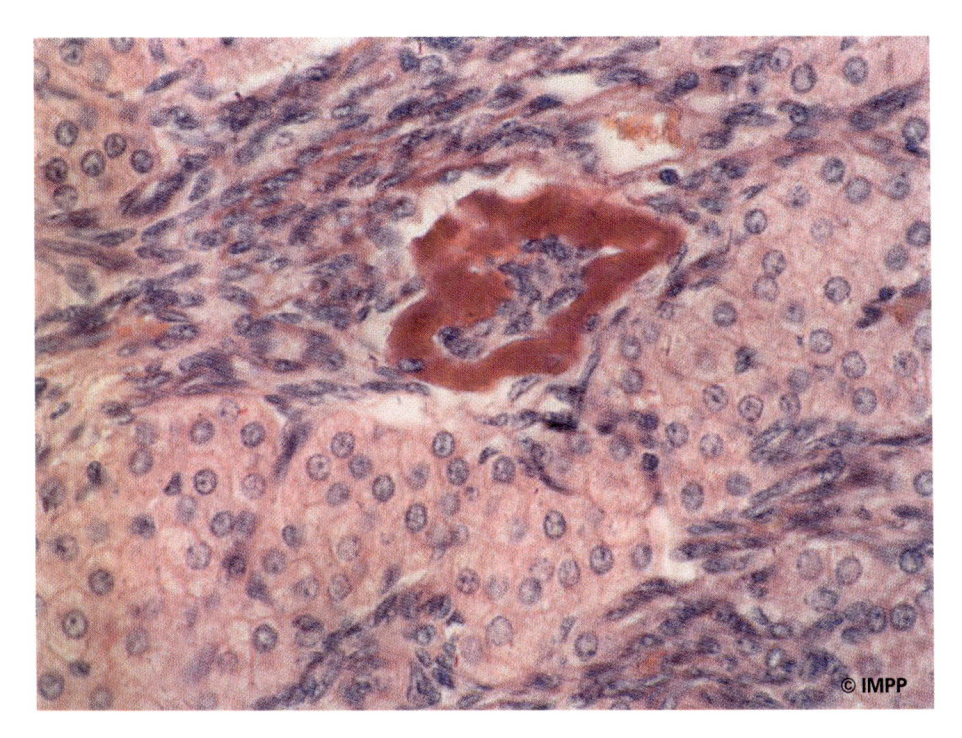

IMPP-Bild 13: Atretischer Rest
medi-learn.de/6-histo3-impp13

Die rote Struktur ist der bindegewebige Rest eines Sekundär- oder Tertiärfollikels, eingelagert in ovarielles Gewebe.

Anhang

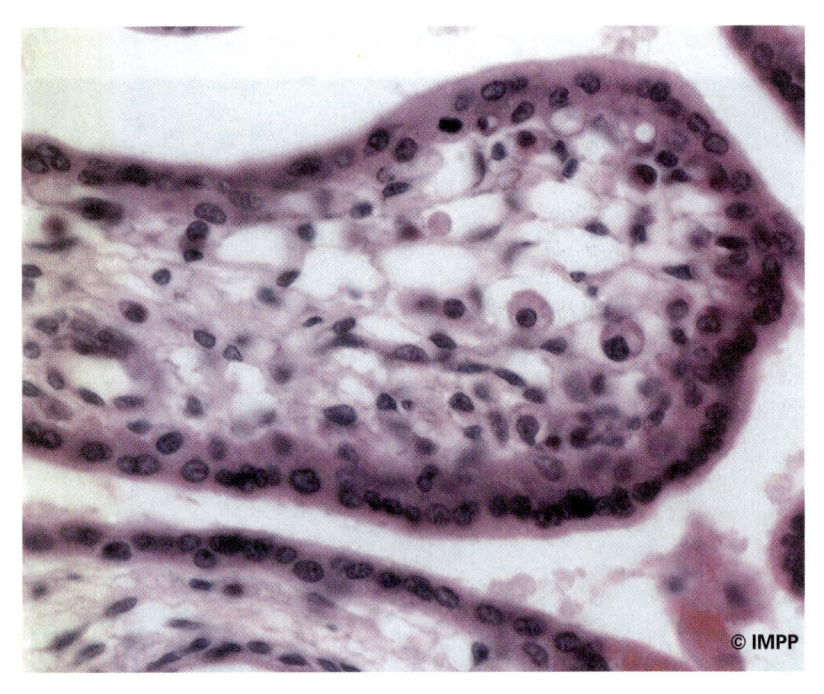

IMPP-Bild 14: Tertiärzotte einer Plazenta
medi-learn.de/6-histo3-impp14

Angeschnittene Tertiärzotte der Plazenta mit der dichten Zellreihe des Synzytiotrophoblasten.

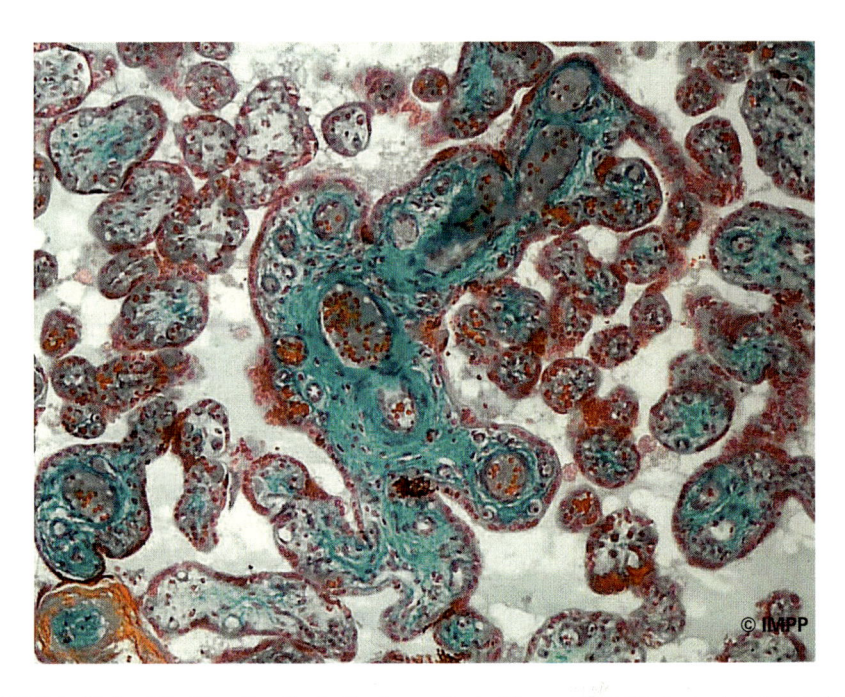

IMPP-Bild 15: Schnitt durch Tertiärzotten (Endzotten)
medi-learn.de/6-histo3-impp15

Das hellblau angefärbte Bindegewebe enthält embryonale Gefäße. Es ist von Zytotrophoblasten umgeben, ganz außen liegen die Synzytiotrophoblasten (mit Mikrovilli).

Hitliste der Histologie

Verdauungstrakt

Magen-bereich	Drüsen	Drüsenform	Drüsenzelle	Produkt
Pars cardiaca	Gll. cardiacae	weitlumig, stark verzweigt	muköse Drüsen	Schleim, Lysozym
Corpus & Fundus	Gll. gastricae propriae	lang, gestreckt, tubulös	enthält immer: Nebenzellen Hauptzellen Belegzellen (Parietalzellen) ECL-Zellen	Schleim Pepsinogen Produktion von H^+ und Intrinsic-Faktor Histamin
Pars pylorica	Gll. pyloricae	kurze, gewundene, weite Drüsenschläuche	G-Zellen muköse Drüsen D-Zellen	Gastrin Schleim Somatostatin

	Ösophagus	Magen	Duodenum
Epithel	mehrschichtig unverhorntes Plattenepithel	einschichtig hochprismatisches Epithel	einschichtig hochprismatisches Epithel
Becherzellen (exokrin)	-	-	+
Falten	Längsfalten	-	++ Plicae circulares = Kerckring-Falten
Zotten	-	-	++ Villi intestinales
Krypten	-	-	+ Gll. intestinales = Lieberkühn-Krypten
Drüsen in der Mucosa	-	Gll. gastricae propriae, Gll. cardiacae, Gll. pyloricae	-
Drüsen in der Submucosa	Gll. oesophageales	-	muköse Gll. duodenales = Brunner-Drüsen, charakteristisch!
Muskularis	oberes Drittel quergestreift, mittleres Übergang, unteres Drittel glatt, außen Stratum longitudinale, innen Stratum circulare	drei Schichten: außen Stratum longitudinale, Mitte Stratum circulare, innen zusätzlich eingelagerte Fibrae obliquae, charakteristisch!	zwei Schichten: außen Stratum longitudinale, innen Stratum circulare
Adventitia	+ Pars cervicalis & thoracica	-	-
Serosa	+ Pars abdominalis	+	+

Anhang

	Jejunum	Ileum	Appendix vermiformis	Colon
Epithel	einschichtig hochprismatisches Epithel	einschichtig hochprismatisches Epithel	einschichtig hochprismatisches Epithel	einschichtig hochprismatisches Epithel mit vielen Becherzellen (exokrin), charakteristisch!
Becherzellen (exokrin)	+	++	++	+++
Falten	+ schlanke Falten	+	-	-
Zotten	lang, fingerförmig	kürzer	-	-
Krypten	+	++	+	+++ besonders tief
Drüsen in der Mucosa	-	-	-	-
submuköse Drüsen	-	-	-	-
Muskularis	zwei Schichten: außen Stratum longitudinale, innen Stratum circulare	zwei Schichten: außen Stratum longitudinale, innen Stratum circulare	zwei Schichten: außen Stratum longitudinale, innen Stratum circulare	zwei Schichten: außen Stratum longitudinale, innen Stratum circulare
Folliculi lymphatici	+	++ Peyer-Plaques	++++	+++ Solitärfollikel
Serosa	+	+	+	(+)
Adventitia	-	-	-	-

Das „Who is who" der Histologie

Adamantoblasten	bilden Zahnschmelz
Auerbach-Plexus	Plexus myentericus, Nervenplexus im Verdauungstrakt, für Muskularis
Belegzellen	Magen, HCl-Produktion, Intrinsic-factor
Bowman-Kapsel	Niere
Brunnerdrüsen	Dünndarm, muköse Drüsen in der Tela submucosa (bicarbonatreiches Sekret für die Neutralisation des sauren Mageninhalts)
Cajal-Zellen	Vermittlungsfunktion zwischen autonomen Nerven und glatten Muskelzellen des GI-Trakts, im Auerbach-Plexus des Dickdarms und in der glatten Muskulatur der Darmwand
Clara-Zellen	Respirationstrakt, lysosomale Enzyme, Surfactant-Proteine SP-A und SP-D
C-Zellen	Schilddrüse, Calcitonin
Disse-Raum	Leber
D-Zellen	Magen, Somatostatin
ECL-Zellen	Magen, Histamin
extraglomeruläre Mesangiumzellen	Niere, unter der Macula densa, modifizierte glatte Muskelzellen, Bedeutung unklar
Glisson-Trias	Leber (Gallengang, Vene, Arterie)
G-Zellen	Magen, Gastrin
Hassall-Körperchen	Thymus, zwiebelschalenartig, degenerierte Retikulumzellen
Hauptzellen	Magen, Pepsinogen
Herzfehlerzellen	Alveolarmakrophagen, die Erythrozyten phagozytiert haben
hochendotheliale Venolen	postkapilläre Venolen im Lymphknoten
Hofbauerzellen	Makrophagen der Plazenta
Hülsenkapillaren	Milz
Ito-Zellen	Leber, speichern Fett und Vit. A
I-Zellen	Duodenum, Cholezystokinin
Kupffer-Sternzellen	Makrophagen der Leber
Langerhans-Zellen	Haut, Ag-präsentierende Zellen, besonders zahlreich in Narbengewebe & im Bereich des Ohres
Langerhans-Inseln	Pankreas
Leydig-Zellen	Hoden, Testosteronproduktion
Lieberkühn-Krypten	v. a. im Ileum: Einsenkungen der Lamina epithelialis in die Lamina propria

Anhang

Macula densa	Niere, Pars recta des distalen Tubulus, am Gefäßpol, Sensor für NaCl-Konzentration im Tubuluslumen
Malpighi-Körperchen	Milzknötchen, weiße Pulpa
Meissner-Plexus	Plexus submucosus, Nervenplexus im Verdauungstrakt, für die Schleimhaut
Meissner-Tastkörperchen	Haut, Stratum papillare, Berührung
Merkel-Zellen	Haut, Stratum basale, Druck
Nebenzellen	Magen, Schleimproduktion
Odontoblasten	bilden Dentin
Paneth-Körnerzellen	Jejunum, Ileum: apikal gekörnte Zellen (Exozytose); Lysozym, Defensine
Papillae filiformes	Zunge, Mechanorezeption
Papillae foliatae	Zunge, Geschmack
Papillae fungiformes	Zunge, Geschmack, Thermorezeption
Papillae vallatae	Zunge, Geschmack
Peyer-Plaques	Ileum, aggregierte Lymphfollikel, M-Epithel (s. Peyer-Plaques, 1.4.4, S. 11), Lage: gegenüber Mesenterialansatz
Pinselarteriolen	Milz
Podozyt	Niere
Schlitzmembran	Niere
Sertoli-Zellen	Hoden, Spermatogenese, Androgen-bindendes Protein (ABP) & Anti-Müller-Hormon-Produktion
Sharpey-Fasern	Halteapparat Zähne
S-Zellen	Duodenum, Jejunum, Sekretin
Uferzellen	Endothelzellen im Milzsinus
Vater-Pacini-Lamellenkörperchen	Subcutis, Vibration
von-Ebner-Spüldrüsen	Papillae vallatae (Zunge)
Waldeyer-Rachenring	diffus im Pharynx und Larynx liegende lymphatische Ansammlungen/Tonsillen
Zentralvene	Leber

Index

A
ABP (Androgen-bindendes Protein) 35
Acetylcholin 6, 19
ADH 31
Adrenalin 56
Aldosteron 56
Aminosäuren 12
Androgene 56
Appendix vermiformis 3, 68
Aquaporine 31
Äquationsteilung 42
Arteriae arcuatae 27
Azinuszellen 19

B
Bakterien 15
Bauchspeicheldrüse 18
Becherzellen 9, 14, 15
Belegzellen (= Parietalzellen) 5
Bilirubin 15
Bläschendrüse 40
Blut-Hoden-Schranke 35
Bowman-Kapsel 27, 33, 69
Brunnerdrüsen 8, 11
Bürstensaum 9, 29

C
Cajal 2
Carboanhydrase 19
Cholezystokinin 19
Colliculus seminalis 34
Corona radiata 42
Corpus albicans 43
Corpus luteum 43
Cortex renalis 27
Corticosteron 56
Cortison 56
Cotransporter 12, 13, 30
Cumulus oophorus 42

D
Decidua 50
Desquamationsphase 45
distaler Tubulus 29, 30
Diuretikum 30
Domareale 3
Drüsen 19
Ductuli seminiferi 34
Ductus deferens 34, 39
Ductus epididymidis 37, 39
Duodenum (= Zwölffingerdarm) 8
D-Zellen 19

E
einreihiges Epithel 12
einschichtiges, hochprismatisches Epithel 4
Eisen 22
Ejakulat 34
Endometrium 44, 50
Endothelzellen 21
enterisches Nervensystem 2
enterohepatischer Kreislauf 15
Enterozyten 9, 12
Exozytose 9

F
Fette 13
Follikelepithelzellen 41
Foveolae gastricae 5
freie Fettsäuren 13
FSH 43, 46
Furosemid 30

G
Galle 22
Gallensäuren 22
Gastrin 6
Gelbkörper (= Corpus luteum) 46, 49
Glandulae gastricae propriae 4, 5
Glandulae intestinales 10
glattes endoplasmatisches Retikulum 36
Glisson-Dreieck 21
Glomerulum 28
Glucocorticoide 56
Glukagon 19
Graaf-Follikel 42
Granulosaepithel 43
Grenzstrangganglien 55

H
haploider Chromosomensatz 34

Index

Hauptdrüsen 4, 5
Hauptzellen 4, 5, 7, 31
HCG 43, 46, 49
Henle-Schleife 30
Hepatozyten 21
Hering-Kanäle 22
Histamin 6
H^+/K^+-ATPase 6
hochprismatisches Epithel 37
Hoden 34

I
Insulin 19
interstitielle Zellen von Cajal 2
intervillöser Raum 49
intrinsic factor 6
Ito-Zellen 22

J
juxtaglomerulärer Apparat 28

K
Kapillaren 28
– gefenstert 28
Kerckring-Querfalten 8
Kohlenhydrate 12
Kotyledonen 49
Krypten 11, 12, 15
Kupffer Sternzellen 22

L
Lamina epithelialis mucosae 1
Lamina muscularis mucosae 1
Lamina propria mucosae 1
Langerhans-Inseln 19
Langerhans-Zellen 48
Leber 20
Lebersinus 21
Leydig-Zellen 36
LH 36, 43
Lieberkühn-Krypten 10
Ligamentum hepatoduodenale 21
Lymphfollikel 3
Lysozym 10

M
Macula densa 28

Medulla renalis 27
Meiose II 42
Menstruation 45, 46
Mesangium 28
M. Hirschsprung 2
Mikrovilli 8, 29
Mineralocorticoide 56
Mitochondrien 6, 36, 43
– Cristae-Typ 6
– Tubulus-Typ 36, 43
monozytäres Phagozytosesystem 22
Mutterkuchen (= Plazenta) 49
Myometrium 44

N
Na^+-K^+-$2Cl^-$-Cotransporter 30, 31
Natrium-Kalium-ATPase 13
Nebenhoden 34, 37
Nebenniere (= Glandula suprarenalis) 55
Nebenzellen 4, 5, 7
Nieren 27
Nierenkelch 27
Nierenlabyrinth 29
Nierenpapillen 27
Noradrenalin 56

O
Ösophagus 3
Östrogene 43, 46, 56
Ovar 41

P
Paneth-Körnerzellen 10
Pankreas 18
– endokrines 19
– exokrines 18
pankreatisches Polypeptid 19
Parametrium/Serosa 44
Parietalzellen (= Belegzellen) 5
Pars convoluta 29
Pars recta 29
Pepsinogen 7
periportales Feld 21
Peyer-Plaques 3, 11
Plazenta 49
Plicae circulares 8
PP-Zellen 19

Index

Primärfollikel 41
Primärzotten 49
Primordialfollikel 41
Progesteron 43, 45
Proliferationsphase 46
Prostata 40
Prostatasteinchen 41
proximaler Tubulus 29
PSA 41
Pylorusregion 8

R
Regenerationsphase 46
Rete testis 34, 37

S
Samenblase 34
Samenstrang 39
Sammelrohr 27, 31
Saumepithel 9
Schaltstücke 19
Schaltzellen 31
Schlußleistennetz 12
Sekretionsphase 46
Sekundärfollikel 42
Sekundärzotte 49
Sertolizellen oder Stützzellen 35
Somatostatin 19
Spermatogonie 34, 37
Spermien 34
Spermin 41
spinozelluläres Bindegewebe 41
Spiralarterien 45
Stereozilien 37, 39
Stratum basale (= Basalis) 44
Stratum functionale (= Funktionalis) 44
sympathisches Nervensystem 55
Synzytiotrophoblast 43, 46, 49
Synzytium 49

T
Tela mucosa 1
Tela submucosa 1
Tertiärfollikel 42
Testosteron 36
Thekazellen 43
– externa 43

– interna 43
Tight junctions 29
Tonsillen 3
Trias hepatica 21
Triglyceride 13
Trophoblast 49
Tuba ovarii 43
Tunica adventitia 1, 48
Tunica muscularis 1, 8, 31, 45, 48

U
Übergangsepithel 31
unverhorntes (= nichtverhornendes) Plattenepithel 3
Urothel 31
Uterus 44

V
Vas afferens 27
Vas efferens 27
Vesicula seminalis 40
Vitamin A 22
Vitamin B_{12} (= Cobalamin) 6, 12, 14

W
Waldeyer-Rachenring 3

X
Xenobiotika 30

Z
Zellen von Cajal 2
zentroazinäre Zellen 19
Zona fasciculata 56
Zona glomerulosa 55
Zona reticularis 56
Zotten 8
Zwölffingerdarm 8

Feedback

Deine Meinung ist gefragt!

Es ist erstaunlich, was das menschliche Gehirn an Informationen erfassen kann. SIbest wnen kilene Fleher in eenim Txet entlheatn snid, so knnsat du die eigneltchie Iofnrmotian deoncnh vershteen – so wie in dsieem Text heir.

Wir heabn die Srkitpe mecrfhah sehr sogrtfältg güpreft, aber vilcheliet hat auch uesnr Girehn – so wie deenis grdaee – unbeswust Fheler übresehne. Um in der Zuuknft noch bsseer zu wrdeen, bttein wir dich dhear um deine Mtiilhfe.

Sag uns, was dir aufgefallen ist, ob wir Stolpersteine übersehen haben oder ggf. Formulierungen verbessern sollten. Darüber hinaus freuen wir uns natürlich auch über positive Rückmeldungen aus der Leserschaft.

Deine Mithilfe ist für uns sehr wertvoll und wir möchten dein Engagement belohnen: Unter allen Rückmeldungen verlosen wir einmal im Semester Fachbücher im Wert von 250 Euro. Die Gewinner werden auf der Webseite von MEDI-LEARN unter www.medi-learn.de bekannt gegeben.

Schick deine Rückmeldung einfach per E-Mail an support@medi-learn.de oder trag sie im Internet in ein spezielles Formular für Rückmeldungen ein, das du unter der folgenden Adresse findest:

www.medi-learn.de/rueckmeldungen